Bartholomäus Herder

**Verzeichnis von ausgewählten Werken**

Theologischen und historischen Inhalts; Schulbüchern usw.

Bartholomäus Herder

**Verzeichnis von ausgewählten Werken**
*Theologischen und historischen Inhalts; Schulbüchern usw.*

ISBN/EAN: 9783743493414

Hergestellt in Europa, USA, Kanada, Australien, Japan

Cover: Foto ©Andreas Hilbeck / pixelio.de

Weitere Bücher finden Sie auf **www.hansebooks.com**

# VERZEICHNISS

von

# ausgewählten Werken

meist

theologischen und historischen Inhalts, Schulbüchern
u. s. w.

aus der

# Herder'schen Verlagshandlung

zu

# Freiburg im Breisgau.

# Neujahr 1868.

Der zu **Neujahr 1865** ausgegebene vollständige „**Katalog der Herder'schen Verlagshandlung zu Freiburg im Breisgau**", nebst unseren „Jahresberichten" für 1865, 1866 und 1867, die Erscheinungen dieser Jahre enthaltend, ist von uns direct und durch jede Buchhandlung **gratis** und **franco** zu beziehen.

---

Die in vorliegendem Verzeichniss aufgeführten Preise in Gulden und Kreuzern sind in süddeutscher Silber-Währung — der Thaler gleich fl. 1. 45 kr. — verstanden.

In Oesterreich werden die Preise nach dem jeweiligen Curse der Banknoten auf Grund des Thalerpreises festgestellt.

Unsere Frankenpreise dürften hin und wieder je nach der ortsüblichen Reduction und der Entfernung eine kleine Aenderung erleiden. Dasselbe gilt im Allgemeinen von den Preisen unserer feineren Einbände.

*Freiburg,* Neujahr 1868.

Herder'sche Verlagshandlung.

# Uebersicht, nach Wissenschaften geordnet.

## I. Encyclopädien. Sammelwerke. Literaturwissenschaft.

| | Seite |
|---|---|
| Acta et decreta conc. prov. Viennensis | 1 |
| Acta sanctorum | 1 |
| Actenstücke, officielle über die Schul- und Kirchenfrage | 1 |
| Alzog, Patrologie | 1 |
| Brugier, National-Literatur | 6 |
| Diöcesan-Archiv, Freiburger | 13 |
| Encyclica, die, Papst Pius' IX. Stimmen aus M. Laach | 14 |
| Herders Conversations-Lexicon | 18 |
| Hymnen des Mittelalters, herausgegeben von *Mone* | 21 |
| —— lateinisch | 21 |
| Kirchen-Lexicon von Wetzer & Welte | 27 |
| Laemmer, scriptor. Graeciae orthod. bibliotheca selecta | 30 |
| Lindemann, Literaturgeschichte | 31 |
| Räss, Convertiten | 37 |
| Reuter, Literaturkunde | 39 |
| Stimmen der Wahrheit gegen Irrthum und Lüge | 50 |

## II. Theologie. Erbauungsschriften. Predigten. Philosophie.

| | |
|---|---|
| Alzog, Patrologie | 1 |
| Balmes, Religionswahrheiten | 2 |
| Barthe, religiöse Wahrheit | 2 |
| Becker, System Platons | 3 |
| Bendel, der junge Christ | 3 |
| Bernards Aphorismen über kathol. Behandlung der Bibel | 3 |
| Brentano, Bedeutung des Seienden nach Aristoteles | 6 |
| Campadelli, Predigten | 11 |
| Chrysostomus, ascetische Schriften | 11 |
| Cotel, Katechismus der Gelübde | 11 |
| Denkschrift des Episcopats der oberrh. Kirchenprovinz | 12 |
| Deutinger, Reich Gottes nach dem Evangelium Johannis | 12 |
| Dittrich, Dionysius der Grosse | 13 |
| Döllinger, Luther | 13 |
| —— Pflicht und Recht der Kirche gegen Verstorbene | 13 |
| Dörle, katholische Kirche | 13 |
| Dupanloup, Unterhaltungen über die populäre Predigtweise | 13 |
| Eckstein, Askesis der alten heidnischen und jüdischen Welt | 13 |
| Finetti, Predigten | 14 |
| Floss, Papstwahl | 14 |
| —— Leonis VIII. privilegium | 14 |
| Franz von Sales, Philothea | 15 |
| Gesang- und Gebetbuch für die Jugend | 15 |
| Geschichte, biblische, nach Chr. Schmid | 15 |

## Uebersicht

| | Seite |
|---|---|
| Greith, Geschichte der altirischen Kirche | 15 |
| ——— Mystik im Predigerorden | 15 |
| ——— u. Ulber, Handbuch der Philosophie | 16 |
| Grossmann, Kanzelvorträge über die Busse | 16 |
| Hagemann, römische Kirche | 16 |
| Hagen, Erörterungen zur Vulgata | 16 |
| Handbüchlein der Erzbruderschaft sanctiss. corp. Christi | 16 |
| ——— der Erzbruderschaft Mariä | 17 |
| Hausen, von der Uebung der Tugenden | 17 |
| ——— Wohlthaten Gottes | 17 |
| ——— Standespflichten | 17 |
| Hausherr, Canisiusbüchlein | 17 |
| ——— Compendium ceremoniarum | 17 |
| Hauspostille, bearbeitet von Düx | 17 |
| Hefele, Conciliengeschichte | 17 |
| Herlet, Handbuch für Prediger | 18 |
| Hertling, de Aristotelis notione Unius commendatio | 18 |
| Hettinger, Apologie des Christenthums | 18 |
| Hillegeer, Tugend der Eltern | 19 |
| ——— Tugend für alle Stände | 19 |
| Hirscher, Besorgnisse bezüglich des Religionsunterrichtes | 19 |
| ——— Betrachtungen über sämmtliche sonntägliche Episteln | 19 |
| ——— Erörterungen über die grossen religiösen Fragen der Gegenwart | 20 |
| ——— Leben Mariä | 20 |
| ——— Selbsttäuschungen | 20 |
| Hymnen des Mittelalters u. Hymni latini ed. Mone | 21 |
| Jäck, Feier für die Verstorbenen | 22 |
| ——— Psalmen der hl. Schrift | 22 |
| Jacoutot, Leiden Christi | 22 |
| Kalender für Zeit und Ewigkeit | 23—25 |
| Kästle, Kindheit Jesu | 25 |
| Kirchen-Lexicon von Wetzer und Welte | 27 |
| Klaus, Predigten auf alle Sonn- und Festtage | 27 |
| ——— über die Busse | 27 |
| ——— über die christl. Gerechtigkeit | 27 |
| Kleinheidt, Gregorii Nysseni doctrina de angelis | 28 |
| Kleutgen, Verfolgung der Kirche | 28 |
| Knecht, das moderne Antichristenthum | 28 |
| Könen, Lieder | 28 |
| König, Theologie der Psalmen | 28 |
| Krach, hl. Schrift des neuen Testaments | 28 |
| Lambruschini, Führer zum Himmel | 30 |
| ——— der kleine Führer | 30 |
| Lamey, Vertheidigungsschrift für den Erzbischof Hermann | 30 |
| Lämmer, misericordias Domini | 30 |
| ——— monumenta Vaticana | 30 |
| ——— zur Kirchengeschichte | 30 |
| ——— scriptorum Graeciae orthod. bibliotheca | 30 |
| ——— coelestis urbs Jerusalem | 30 |
| Langen, Buch Esther | 31 |
| ——— letzte Lebenstage Jesu | 31 |
| ——— Judenthum | 31 |
| Lessius, opusculum asceticum de L. nominibus Dei | 31 |
| Lieber, in Sachen der oberrh. Kirchenprovinz | 31 |
| Lorinser, die Welt. Sieben Fastenpredigten | 32 |
| Mai-Andacht | 32 |
| Maier, Evangelium des Johannes | 32 |
| ——— Brief Pauli an die Römer | 32 |
| ——— Einleitung in's Neue Testament | 32 |
| Manna quotidianum sacerdotum | 32 |
| Manuale precum ad usum seminariorum | 32 |
| Mast, Stellung der Erzbischöfe | 33 |
| Müllbauer, Geschichte der Missionen | 34 |
| Müllendorff, Franz von Sales | 34 |

| | Seite |
|---|---|
| Müller, Erbauungsbuch für Gefangene | 34 |
| —— Jugendsegen | 34 |
| Neugart, episcopatus Constantiensis Alemannicus | 34 |
| Neumaier, Firmungsbüchlein | 34 |
| —— Predigten über die hl. Firmung | 35 |
| Nicolaus von Cusa's Schriften, übersetzt von Dr. Scharpff | 35 |
| Nicolay, Predigten | 35 |
| Niedermayer, der deutsche Clerus | 35 |
| —— Mecheln und Würzburg | 35 |
| —— Pfingstfest in Rom 1862 | 35 |
| —— die katholische Presse Deutschlands | 35 |
| —— Rundschau | 35 |
| Pfister, Kinderlegende | **35** |
| —— katholisches Gebet- und Betrachtungsbuch | 35 |
| Phillips, Diöcesansynode | 36 |
| Pilgram, Controversen mit den Ungläubigen | 37 |
| Radewijns, tractatulus devotus, ed. *Nolle* | 37 |
| Ravignan, Leben der christlichen Frau | 38 |
| Reusch, Bibel und Natur | 38 |
| —— das Buch des Tobias | 38 |
| —— Erklärung des Buches Baruch | 38 |
| —— Lehrbuch der Einleitung in das Alte Testament | 38 |
| —— liber Sapientiae | 39 |
| —— observationes criticae in librum Sapientiae | 39 |
| Santa Catarina, goldenes Büchlein | 41 |
| Sartorius, Quellen des Heils | 41 |
| Scharpff, Vorlesungen über die neueste Kirchengeschichte | 42 |
| Scheeben, Herrlichkeiten der göttlichen Gnade | 42 |
| —— Mysterien des Christenthums | 42 |
| Schleiniger, Bildung des jungen Predigers | 43 |
| —— das kirchliche Predigtamt | 43 |
| Schleyer, Einwürfe gegen die alttestamentlichen Weissagungen | 43 |
| Schlosser, die Kirche in ihren Liedern | 43 |
| Schmitt, Anleitung zum Erstcommunikanten-Unterricht | 44 |
| —— Erklärung des Debarbe'schen Katechismus | 44 |
| Schneemann, Studien über die Honorius-Frage | 44 |
| Schrader, theses theologicae | 44 |
| —— de unitate romana commentarius | 44 |
| Schriften, die heiligen, des alten und neuen Testaments | 45 |
| Schrödl, Votum des Katholicismus | 45 |
| Schuster, Handbuch zur bibl. Geschichte | 46 |
| —— katechetisches Handbuch | 47 |
| —— kleines katechetisches Handbuch | 47 |
| Seeauer, Betrachtungen über das Sacrament des Altars | 47 |
| Simar, Moraltheologie | 48 |
| —— die Theologie des hl. Paulus | 48 |
| Sintzel, Anleitung zur christlichen Vollkommenheit | 48 |
| Speil, Lehren der kath. Kirche | 49 |
| Statuten des Vereins vom hl. Vincenz von Paul | 49 |
| Steck, der heilige Kreuzweg | 50 |
| Stolz, die hl. Elisabeth | 51 |
| —— katechetische Auslegung des Freiburger Diöcesan-Katechismus | 50 |
| —— Legende | 51 |
| —— Légendes | 52 |
| —— der Mensch und sein Engel. Gebetbuch | 51 |
| —— Predigt zur Fahnenweihe | 53 |
| —— Predigten für den Gesellenbund | 53 |
| —— was der Kirchhof predigt | 53 |
| —— Witterungen der Seele | 53 |
| Sulzer, Wahrheit in Liebe | 53 |
| Szadowski, Makrina Mieczyslawska | 54 |
| Tabula directiva pro s. Missae sacrificio | 54 |
| Testamentum, novum | 54 |
| Thomas von Kempen, Nachfolge Christi | 54 |

|  | Seite |
|---|---|
| Thomas von Kempen, die Nachfolge Christi in älterem Deutsch | 54 |
| Trento, Fastenpredigten | 55 |
| Verhandlungen der XI. Generalversammlung der kath. Vereine | 55 |
| Vosen, das Christenthum | 55 |
| ——— Katholicismus | 55 |
| Welte, das Buch Job | 56 |
| Wessely, ein Brief Jesu Christi | 57 |
| ——— die sieben Gaben des heiligen Geistes | 57 |
| Worte der Verständigung und Versöhnung an die Protestanten | 59 |
| Wörter, über das Verhältniss von Gnade und Freiheit | 59 |
| Zeiler, Maria unser Vorbild und unsere Mutter. Gebetbuch | 59 |
| Zingerle, Communionbuch | 60 |

## III. Gebet- und Erbauungsbücher.

|  |  |
|---|---|
| Bendel, der junge Christ | 3 |
| Franz von Sales, Philothea | 15 |
| Gebet- und Gesangbuch für die Jugend | 15 |
| Handbüchlein der Erzbruderschaft Mariä | 17 |
| ——— der Erzbruderschaft Corp. Chr. | 16 |
| Hauspostille | 17 |
| Hillegeer, Tugend für alle Stände | 19 |
| Jäck, Feier für die Verstorbenen | 22 |
| Jacoutot, Leiden Christi | 21 |
| Kästle, Kindheit Jesu | 25 |
| Könen, Lieder beim Gottesdienst | 28 |
| Lambruschini, Führer | 30 |
| ——— kl. Führer | 30 |
| Mai-Andacht | 32 |
| Manuale precum | 32 |
| Müllendorff, Franz von Sales | 34 |
| Müller, Erbauungsbuch für Gefangene | 34 |
| ——— Jugendsegen | 34 |
| Neumaier, Firmungsbüchlein | 34 |
| Pfister, Gebetbuch | 35 |
| Santa Catarina, goldenes Büchlein | 41 |
| Seeauer, Betrachtungen über das Sacrament des Altars | 47 |
| Steck, heil. Kreuzweg | 50 |
| Stolz, der Mensch und sein Engel | 51 |
| Thomas von Kempen, Nachfolge Christi | 54 |
| Zeiler, Maria unser Vorbild und unsere Mutter | 59 |
| Zingerle, Communionbuch | 60 |

## IV. Staats- und Rechtswissenschaft. Politik. Statistik.

|  |  |
|---|---|
| Actenstücke, officielle, über die Schulfrage in Baden | 1 |
| Bader, katholische Kirche in Baden | 2 |
| Beleuchtung der Parität in Preussen | 3 |
| Buss, Unterschied der kathol. und der protest. Universitäten | 10 |
| Denkschrift über die Parität an der Universität Bonn | 12 |
| Jörg, Geschichte der social-pol. Parteien | 22 |
| Morgenstudien Friedrichs II. | 34 |
| Pilgram, sociale Fragen | 37 |
| Presse, die katholische Deutschlands | 35 |
| Stände, die alten und die neuen | 49 |

## V. Erziehungs- und Unterrichtswissenschaft. Schulbücher. Jugendschriften. Bildungsschriften für das weibliche Geschlecht.

|  |  |
|---|---|
| Achard, Lorenz oder die Gefangenen | 1 |
| Birlinger, Nimm mich mit! Kinderbüchlein | 5 |

## Uebersicht.

| | Seite |
|---|---|
| Bodenmüller, Anweisung zur Ertheilung des Religionsunterrichtes | 6 |
| —— Anleitung zur Ertheilung des sprachlichen Unterrichts | 5 |
| —— biblische Geschichte | 6 |
| —— Büchlein für Kinder | 5 |
| Braun, Mancherlei | 6 |
| Bühler, Sprachlehre | 7 |
| Bumüller, Weltgeschichte | 7 |
| —— Weltgeschichte im Ueberblick | 7 |
| —— u. Schuster, Lesebuch für Volksschulen | 7 |
| —— Erdkunde | 10 |
| —— Naturgeschichte | 10 |
| —— Naturlehre | 10 |
| —— Weltgeschichte | 9 |
| —— Weltkunde | 9 |
| —— das Lesebuch in der Volksschule | 9 |
| —— Wandtafeln | 9 |
| Debarbe, kleiner katholischer Katechismus | 12 |
| —— katholischer Katechismus | 12 |
| Denkschrift des Erzbischofs von Freiburg, die Schulfrage betr. | 12 |
| Dörle, Anselm | 13 |
| Heberling, Schulfreund | 17 |
| Hepting u. Fath, Lesebuch | 18 |
| Hirscher, Besorgnisse bezüglich des Religionsunterrichts | 19 |
| Hofmann, Kopfrechnen | 21 |
| —— Sprachbuch | 21 |
| —— Sprachmusterstücke | 21 |
| Hoos, des Kindes Leselust | 21 |
| Huber, Gesangunterricht | 21 |
| Jugendbibliothek | 22 |
| Jung, Schreib-Lese-Unterricht | 23 |
| Katechismus, kleiner | 25 |
| —— mittlerer | 25 |
| —— grosser | 25 |
| Kellner, Aufgaben | 25 |
| —— deutsches Lese- und Bildungsbuch für höhere Schulen | 25 |
| —— Lese- und Bildungsbuch für Mittel- und Oberklassen | 25 |
| Knecht, Schulreformfrage | 28 |
| Löser, Jugenderziehung | 32 |
| Mezler, Musterbeispiele | 33 |
| Ming, das christliche Mädchen | 33 |
| Pflanz, Kinderfreude | 36 |
| Rolfus, Jugendschriften-Verzeichniss | 41 |
| Roustan, französische Lesestücke | 43 |
| Schleiniger, Grundzüge der Beredsamkeit | 41 |
| —— Abriss der Rhetorik | 43 |
| Schmitt, Erklärung des kleinen Debarbe'schen Katechismus | 44 |
| —— Anleitung zur Ertheilung des Erstcommunicanten-Unterrichts | 44 |
| Schuster, biblische Geschichte des alten und neuen Testaments | 45 |
| —— biblische Geschichte. Mit 112 Abbildungen | 45 |
| —— kurze biblische Geschichte | 46 |
| —— Handbuch zur biblischen Geschichte | 46 |
| —— katechetisches Handbuch | 47 |
| —— kleines katechetisches Handbuch | 47 |
| —— Katechismus | 47 |
| —— kleiner Katechismus | 46 |
| Stolz, Auslegung des Freiburger Diöcesan- (Hirscher'schen) Katechismus | 50 |
| Thiery, Erklärung der äussern Gebräuche der katholischen Kirche | 54 |
| Vosen, hebräische Sprache | 55 |
| —— rudimenta linguae hebraicae | 55 |
| Waldmann, Gesanglehre für Volksschulen | 55 |
| Wandtafeln, zwanzig | 56 |
| Wurm, die deutsche Sprache an der gelehrten Schule | 59 |
| Zell, Volksschule | 60 |

## VI. Geschichte mit ihren Hülfswissenschaften. Biographien.

| | Seite |
|---|---|
| Aichinger, Joh. M. Sailer | 1 |
| Bader, badische Landesgeschichte | 6 |
| Bumüller, Weltgeschichte | 7 |
| —— Geschichte der neuesten Zeit | 7 |
| —— Geschichte des Alterthums | 7 |
| —— Weltgeschichte im Ueberblick | 7 |
| Capéfigue, Geschichte der 100 Tage | 11 |
| Daniel, classische Studien in der Gesellschaft | 12 |
| Dittrich, Dionysius der Grosse | 13 |
| Geschichte des Lebens der A. M. Xantonia | 15 |
| Gfrörer, Geschichte der Karolinger | 15 |
| Greith, Geschichte der altirischen Kirche | 16 |
| Hergenröther, Kirchenstaat | 18 |
| Höfler, Ruprecht von der Pfalz | 20 |
| Janssen, zur Genesis der Theilung Polens | 22 |
| —— Schiller als Historiker | 22 |
| Jörg, Geschichte der social-politischen Parteien | 22 |
| Keym, Geschichte des dreissigjährigen Krieges | 26 |
| —— Prinz Eugen von Savoyen | 26 |
| —— Tilly | 26 |
| Kiesel, Geschichte der vorchristlichen Zeit | 26 |
| —— Weltgeschichte | 26 |
| Klopp, Geschichtsbaumeister | 28 |
| Müllbauer, Geschichte der Missionen | 34 |
| Müller, die hl. Maasse des Alterthums | 34 |
| Phillips, Ursprung der Katzenmusiken | 36 |
| Prozess de Buck in Brüssel | 22 |
| Riess, Canisius aus der Gesellschaft Jesu | 39 |
| —— Leben des s. Canisius. Auszug | 39 |
| —— württembergische Convention | 39 |
| Rio, Philipp Howard und Marc-Anton Bragadino | 40 |
| —— Shakespeare | 41 |
| Sammlung historischer Bildnisse | 41 |
| Scharpff, Entstehung des Kirchenstaates | 42 |
| —— Vorlesungen über die neueste Kirchengeschichte | 42 |
| Theiner, die Concilien von Lyon und Constanz | 54 |
| Wahrheit, die, im Prozess de Buck | 55 |
| Zell, Bilder aus der Gegenwart: Marschall St. Arnaud | 59 |
| —— Lioba und die frommen angelsächsischen Frauen | 59 |
| —— Gebhard von Zähringen | 60 |

## VII. Erdbeschreibung. Länder- und Völkerkunde.

| | |
|---|---|
| Bumüller u. Schuster, Erdkunde | 10 |
| Hurter, Rom | 21 |
| Mislin, hl. Orte | 34 |
| Pütz, Lehrbuch der Erdbeschreibung | 37 |
| —— Leitfaden der Erdbeschreibung | 37 |
| Rhodes, Missionsreisen in China etc. | 39 |
| Riess, die Länder der hl. Schrift | 40 |
| Stolz, Besuch bei Sem, Cham und Japhet | 50 |
| —— Spanisches für die gebildete Welt | 53 |
| Waldmann, Römerfahrt | 56 |
| Woerl, Geographie von Baden | 59 |
| —— Leitfaden der Geographie | 59 |

## VIII. Schöne Literatur im Allgemeinen. Gedichte.

## Uebersicht.

| | Seite |
|---|---|
| Conrad, dramatische Blüthen | 11 |
| Fullerton, Rose Leblanc | 15 |
| Hägele, Hofers letzter Gefährte | 16 |
| Hermann, Jude und Christ | 18 |
| Hiemer, Zeit- und Lebensbilder | 19 |
| Kerschbaumer, Eligius | 26 |
| Pflanz, Lebensbilder | 36 |
| Ringseis, Gedichte | 40 |
| Sherry, Ahasistarl's, des Huronen-Häuptlings, Treue | 48 |
| Sonntagsfreude. 1863 bis 1866 | 48—49 |

## IX. Kunstwerke. Lithographien. Atlanten. Karten. Musik.

| | Seite |
|---|---|
| Baur, Karte von Württemberg, Baden und Hohenzollern | 2 |
| Beck, historisch-geographischer Atlas | 2 |
| Bilder-Bibel | 3 |
| Bock, Bildercyclus | 5 |
| Braun, cantica sacra | 6 |
| —— Klänge kirchlicher Tonkunst | 6 |
| Communionbild, neues, Lithographie | 11 |
| —— Photographie | 11 |
| Histoire sainte en tableaux | 20 |
| Könen, Lieder für den Gottesdienst | 28 |
| Kutscheit, histor.-geogr. Atlas | 28 |
| —— Atlas zu Bumüllers Lehrbüchern der Weltgeschichte | 29 |
| Löwenberg, histor.-geogr. Atlas | 32 |
| Lumpp, deutsche Messen | 32 |
| Manuel encyclopédique | 33 |
| Meister, das katholische deutsche Kirchenlied | 33 |
| Melodien zum Handbüchlein der Erzbruderschaft ss. corporis Christi | 33 |
| Niedermayer, Kunstgeschichte von Wirzburg | 35 |
| Pictorial Bible | 36 |
| Riess, Länder der heiligen Schrift. Bibel-Atlas | 40 |
| Rio, de l'art chrétien | 40 |
| Roh, Portrait. Lithographie | 41 |
| —— Photographie | 41 |
| Schweitzer, fromme Lieder | 47 |
| —— geistliche Lieder | 47 |
| —— religiöse Männerchöre | 47 |
| —— sechs Singmessen | 47 |
| Stolz, Portrait. Lithographie | 53 |
| —— Photographie | 53—54 |
| Waldmann, Gesanglehre | 55 |
| Wandkarte von Deutschland | 56 |
| —— von Württemberg und Baden | 56 |
| Woerl, Atlas von Central-Europa | 57 |
| —— Karte von Deutschland | 57 |
| —— Karte von Frankreich | 57 |
| —— Atlas von Südwestdeutschland | 57 |
| —— Karte von Bayern | 58 |
| —— Karte von Württemberg, Baden und Hohenzollern | 58 |
| —— Karte der Schweiz | 58 |
| —— Karte von Tyrol | 58 |
| —— die badischen Bäder | 58 |
| —— Karte der Landschaft von Freiburg im Breisgau | 58 |
| —— Reisekarte der Schweiz | 58 |
| —— die Südthäler des Schwarzwaldes | 58 |

## X. Volksschriften. Vermischte Schriften.

## Uebersicht.

| | Seite |
|---|---|
| Bodenmüller, Maikäfer | 6 |
| ——— Obstbaumzucht | 6 |
| Dörle, Anselm | 13 |
| Kalender für Zeit und Ewigkeit | 23—25 |
| Sonntagskalender für Stadt und Land | 49 |
| Stolz, Akazienzweig für die Freimaurer | 50 |
| ——— Diamant oder Glas | 50 |
| ——— Fels, der papierene | 50 |
| ——— Mixtur gegen Todesangst | 23 |
| ——— das Menschengewächs | 23 |
| ——— das Vaterunser | 23. 24 |
| ——— der unendliche Gruss | 24 |
| ——— das Bilderbuch Gottes | 24 |
| ——— A B C für grosse Leute | 24 |
| ——— das Vaterunser, in einem Band | 51 |
| ——— das Vaterunser und der unendliche Gruss, in einem Band | 51 |
| ——— Kompass für Leben und Sterben | 51 |
| ——— die Klinge ohne Heft | 50 |
| ——— der Kreuzzug gegen den Welschen | 51 |
| ——— Mörtel für die Freimaurer | 53 |
| ——— der Schmerzensschrei im Durlacher Rathhaus | 53 |
| ——— siebenzehn nothwendige Fragen und Antworten | 53 |
| ——— Warnung vor einer drohenden Gefahr | 53 |
| Verhandlungen der elften General-Versammlung der kath. Vereine Deutschlands | 55 |
| Wahrheit, die, und die Lüge im Prozess de Buck | 55 |

1 **Achard, J.**, Lorenz oder die Gefangenen. Ein Lesebuch für Gefangene in Strafanstalten. Aus dem Französischen frei übersetzt und mit einem Vorwort begleitet von *J. N. Müller*. gr. 8°. (10 B.) 15 sgr. — 48 kr. — fr. 1. 80 cts.

2 **Acta et decreta** concilii provinciae Viennensis anno Domini MDCCCLVIII pontificatus Pii papae IX decimo tertio celebrati. kl. 4°. (21 B.) Thlr. 1. — fl. 1. 48 kr. — fr. 4. 5.

3 **Acta Sanctorum.** Editio novissima cum animadversionibus ex temporalibus D. Papebrochii nunc primum ex Mss. editis curante Joanne Carnandet. (Paris, Palmé) 54 Foliobde. (Je 125 B.) Preis per Band bei frankirter Zusendung: Thlr. 13⅓ — fl. 23. 20 kr. — fr. 50.

Die neuen Bollandisten (15. Sept. u. ff.) schliessen sich an diese Ausgabe an.

**Actenstücke**, officielle, über die Schul- und Kirchenfrage in Baden. gr. 8°.

4 Erstes Heft (2¾ B.) 6 sgr. — 18 kr. — 70 cts.
5 Zweites Heft (6 B.) 12 sgr. — 42 kr. — fr. 1. 60.
6 Drittes Heft (5 B.) 12 sgr. — 42 kr. — fr. 1. 60.
7 Viertes Heft (6¼ B.) 12 sgr. — 42 kr. — fr. 1. 60.

„Wer über die Natur, über die Grundsätze und Folgen des modernen Staates sich orientiren will, der sollte diese interessanten Actenstücke lesen. Die religiöse Bedrückung der badischen Katholiken, gegen welche der moderne Staat den Grundsatz „cujus regio ejus religio" anwendet — ist nur ein Vorpostengefecht gegen die deutschen Katholiken überhaupt." (Histor.-polit. Blätter.)

8 **Aichinger, G.**, Johann Michael Sailer, Bischof von Regensburg. Ein biographischer Versuch. 12°. (30 B.) 28 sgr. — fl. 1. 36 kr. — fr. 3. 60.

„Sailer erscheint in dem Rundbilde des Verfassers gleich einfach und richtig gezeichnet als Mensch, als Freund, Lehrer, Priester und Bischof. Die deutsche Literatur hat keinen Ueberfluss an Biographien, die so ruhig gehalten, so klar angelegt, so fleissig durchgeführt sind. Von Sailers Schülern leben noch viele in der Schweiz, in Oesterreich, Baiern, Franken und Schwaben; wir glauben uns ihren Dank zu verdienen, indem wir sie hiemit auf die treffliche Biographie des trefflichen Mannes aufmerksam machen." (Augsb. Allgem. Ztg.)

9 **Alzog**, Dr. J., Grundriss der Patrologie oder der ältern christlichen Literärgeschichte. gr. 8°. (27 B.) Thlr. 1. — fl. 1. 45 kr. — fr. 3. 95.

*Hefele* sagt darüber in der „Theolog. Quartalschrift":

„Wenden wir uns zu der Art und Weise, wie der Verfasser die einzelnen Kirchenväter behandelt hat, so müssen wir anerkennend hervorheben, dass er überall

10 **Aurora.** Mit Beiträgen von v. Rachwitz, Franz Bonn, Fr. v. Münchberg, Theodoret Volker, H. Holland, J. B. Vogl, F. Klar, J. Schrott. Herausgegeben von *Reding von Biberegg*. 16°. (17½ B.) 21 sgr. — fl. 1. 12 kr. — fr. 2. 65; fein geb.: Thlr. 1. — fl. 1. 45 kr. — fr. 3. 95.

11 **Bader,** Dr. **C.**, die katholische Kirche im Grossherzogthum Baden. (Bis zum Jahr 1860.) 8°. (26½ B.) Thlr. 1. 6 sgr. — fl. 2. — fr. 4. 50.

**Bader,** Dr. **J.**, badische Landesgeschichte für Jung und Alt bearbeitet. Dritte, durchaus umgearbeitete Auflage. Mit 9 Bildern. 12°. (15⅝ B.)

12 Ausgabe auf feines Papier: 22½ sgr. — fl. 1. 12 kr. — fr. 2. 70; geb. 26½ sgr. — fl. 1. 24 kr. — fr. 3. 15.

13 Ausgabe auf geringeres Papier: 15 sgr. — 48 kr. — fr. 1. 80; geb. 19 sgr. — fl. 1. — fr. 2. 25.

14 **Balmes, J.**, die wichtigsten Religionswahrheiten fasslich erklärt und begründet für die Jugend. Aus dem Spanischen übersetzt. 12°. (3¾ B.) 6 sgr. — 18 kr. — 70 cts.

15 **Barthe, E.**, die religiöse Wahrheit vor dem Richterstuhle der Vernunft. Aus dem Französischen. kl. 8°. (17 B.) 27 sgr. — fl. 1. 24 kr. — fr. 3. 15.

16 **Baur, C. F.**, Karte von Württemberg, Baden und Hohenzollern. Massstab: 1:815,000. Folio: 28 auf 35 Centimètres. Colorirt: 3 sgr. — 9 kr. — 35 cts.

Dieses nach neuestem Material bearbeitete und sehr sauber ausgeführte Kärtchen des südwestlichen Deutschland ist zugleich eine nützliche Beilage zu allen in Württemberg, Baden und Hohenzollern gebrauchten Schulatlanten.

17 **Beck,** Dr. **J.**, historisch-geographischer Atlas für Schule und Haus. 25 lithographirte Karten. 3 Abtheilungen. Grösse: 36 auf 47 Centimètres. Thlr. 2. 2 sgr. — fl. 3. 30 kr. — fr. 7. 90; geb. Thlr. 2. 9 sgr. — fl. 3. 48 kr. — fr. 8. 55. Eine einzelne Karte: 4 sgr. — 12 kr. — 45 cts.

18 1. Abtheilung: „Die vorchristliche Zeit, oder die alte Welt" (10 Karten). 24 sgr. — fl. 1. 24 kr. — fr. 3. 15.

19 2. Abtheilung: „Das Mittelalter" (7 Karten). 20 sgr. — fl. 1. 6 kr. — fr. 2. 50.

20 3. Abtheilung: „Die neue Zeit" (8 Karten). 18 sgr. — fl. 1. — fr. 2. 25.

Jede Abtheilung und jede Karte wird einzeln abgegeben.

*Verzeichniss der Karten.*

I. Abtheilung. *Die vorchristliche Zeit oder die alte Welt.* I. Zur Erdkunde der Alten. II. Die historischen Kulturländer Vorder-Asiens. Das persische Reich seit Darius Hysdaspis. Babylonien. Assyrien. III. Palästina oder Canaan. Aegypten. IV. Karte von Nord- und Mittelgriechenland (in classischer Zeit 500—300 v. Chr.). V. Karte des Peloponnes (in classischer Zeit 500—300 v. Chr.). VI. Vorderasien (Klein-Asien und Syrien); Griechenland mit seinen Inseln und Colonien; Macedonien, Thracien vorzüglich in maced.-griech. Zeit. VII. A. Das Reich Alexanders des Grossen. B. Die aus Alexanders Weltreich entstandenen Staaten (300 bis 200 v. Chr.). VIII. Italia zur Zeit der römischen Republik bis zur Kaiserherrschaft. IX. Das römische Weltreich (Imperium Romanum). X. Das römische Deutschland im 3.—4. Jahrhundert (Rhein- und Süddonauländer), nebst Germania Magna in den drei ersten Jahrhunderten.

Kaisern bis 1156 und 1180. XVI. Deutschland und das deutsche Kaiserreich in der letzten Periode des Mittelalters vom Ende der hohenstaufischen Zeit bis zum 15. Jahrhundert. XVII. Deutschland nach seinem Territorialbestand beim Ausgang des Mittelalters und im Anfange der neuern Geschichte nebst Angabe der Kreiseintheilung von 1512. III. Abtheilung. *Die neue Zeit.* XVIII. Europa und Vorder-Asien. Uebersichts-Karte zur Geschichte der europäischen Staaten im 16. Jahrhundert. XIX. Europa. Uebersichts-Karte zur Geschichte der europäischen Staaten im 17. Jahrhundert. XX. Europa. Uebersichts-Karte zur Geschichte der europäischen Staaten im 18. Jahrhundert bis auf die franz. Revolution. XXI. Frankreich nach seiner historischen Eintheilung in Provinzen und Landschaften vor 1789, nebst Angabe der seit 1552 hinzugekommenen Länder. XXII. Deutschland nach seinem Territorialbestand vor der Auflösung des Reiches in Folge des Lüneviller Friedens 1801, nebst Angabe der seit 1500 vom Reiche abgetrennten Länder. XXIII. Europa. Uebersichts-Karte zur Geschichte der europäischen Staaten im Zeitalter der französischen Revolution 1789—1814. XXIV. Europa seit 1830, historisch-statistische Uebersichts-Karte des jetzigen europäischen Staatensystems. XXV. Deutschland der Gegenwart zur historisch-statistischen Uebersicht der deutschen Bundesstaaten.

„Wir empfehlen diesen vorzüglichen Atlas allen höheren Lehranstalten und allen Lehrern, die ihre Geschichtsstudien beleben wollen, und heben zu diesem Zwecke noch hervor, dass derselbe auch auf das *religionsgeschichtliche und biblische Moment* die wünschenswerthe Rücksicht nimmt." (Schulfreund.)

21 **Becker**, Dr. D., das philosophische System Platons in seiner Beziehung zum christlichen Dogma. gr. 8°. (22³/₄ B.) Thlr. 1. 10 sgr. — fl. 2. 12 kr. — fr. 4. 95.

„Sollen wir ein Urtheil über das Ganze abgeben, so zeugt das Werk, in anziehender Darstellung nach einem einheitlichen Grundgedanken streng wissenschaftlich durchgearbeitet, eben so sehr von dem bedeutenden speculativen Talente des Verfassers, wie von seiner warmen und treuen Hingabe an die Kirche und ihre Lehren. Indem Dr. Becker den Glorienschein des Christen oder des Propheten von Platon entfernt, während er ihn gleichzeitig als einen der grössten Denker des Heidenthums darstellt, befördert er nicht bloss das richtige Verständniss dieses antiken Philosophen, sondern ebenso sehr die Anerkennung des übernatürlichen Momentes in dem Christenthum." (Der Katholik.)

22 **Behrle, R.**, König und Königin. Romantisch-historische Erzählung aus der Mitte des zehnten Jahrhunderts. 8°. (35 B.) Thlr. 1. — fl. 1. 45 kr. — fr. 3. 95.

23 **Beleuchtung** der Parität in Preussen auf dem Gebiete des hohen und mittlern Unterrichts. 8°. (4 B.) 7¹/₂ sgr. — 24 kr. — 90 cts.

24 **Bendel**, Dr. A., der junge Christ im Gebete. Eine Sammlung von Gebeten für die Jugend. Mit einem Titelbilde. Zehnte Auflage. 16°. (18 B.) 5 sgr. — 15 kr. — 55 cts.; geb. 8 sgr. — 24 kr. — 90 cts., in Leder 15 sgr. — 48 kr. — fr. 1. 80.

25 **Bernards**, Bruder, Klausners zu Falkenberg, Aphorismen über kathol. Behandlung der Bibel in Theorie und Praxis. Herausgegeben von seinem Nachfolger auf der Klause. 8°. (21³/₄ B.) 25 sgr. — fl. 1. 24 kr. — fr. 3. 15.

Motto: Quoniam non cognovi litteraturam introibo in potentias Domini. Ps. 70.

26 **Bilder-Bibel.** Vierzig Darstellungen der wichtigsten Begebenheiten des Alten und Neuen Testaments. 40 Blätter in Lithographie, Querfolio (40 auf 45 Centimètres), mit Titel und Inhaltsverzeichniss. Mit einer Textbeigabe in Folio (3 B.): **Kurze biblische Geschichte** von Dr. *J. Schuster*. . Colorirt, in gewöhnlicher Mappe: Thlr. 4. 28 sgr. — fl. 8. 24 kr. — fr. 18. 90; in feiner Mappe, ganz Leinwand mit Goldverzierung: Thlr. 5. 15 sgr. — fl. 9. 24 kr. — fr. 21. 15. Ein Blatt *einzeln*, colorirt: 3¹/₂ sgr. — 12 kr. — 45 cts.; nicht colorirt: 3 sgr. — 10 kr. — 40 cts.

Diess ist eine neue Ausgabe der *Bilder-Bibel*, **die erste mit Text** und zugleich mit einem *wesentlich vervollkommneten* **lebhaftern** Colorit.

Jesus am Oelberg; aus der „Bilder-Bibel", Nr. 31, verkleinert.

### Verzeichniss der Bilder.

*Altes Testament:* I. Erschaffung der Welt. II. Strafe der ersten Sünde und Verheissung des Erlösers. III. Kain und Abel. IV. Die Sündfluth. V. Noe's Dankopfer. VI. Joseph wird in ein fremdes Land verkauft. VII. Josephs Erhöhung. VIII. Joseph gibt sich zu erkennen. IX. Jakobs Reise nach Aegypten. X. Moses' Geburt. XI. Der brennende Dornbusch. XII. Gott gibt die zehn Gebote auf Sinai.

*Neues Testament:* XIII. Verkündigung der Geburt des Johannes. XIV. Verkündigung der Geburt Jesu. XV. Mariä Heimsuchung. XVI. Geburt Jesu. Die Hirten bei der Krippe. XVII. Darstellung Jesu im Tempel. XVIII. Anbetung der Weisen aus dem Morgenlande. XIX. Flucht nach Aegypten. XX. Der zwölfjährige Jesus im Tempel. XXI. Jesu Taufe. XXII. Jesu erstes Wunder zu Kana. XXIII. Die Bergpredigt. XXIV. Der Sturm auf dem Meere. XXV. Speisung der fünftausend Mann. XXVI. Jesus der Kinderfreund. XXVII. Der barmherzige Samariter. XXVIII. Der verlorene Sohn. XXIX. Auferweckung des Lazarus. XXX. Einsetzung des allerheiligsten Altarssacraments. XXXI. Jesu Todesangst am Oelberg. XXXII. Jesus wird gegeisselt. XXXIII. Jesus wird mit Dornen gekrönt. XXXIV. Jesus trägt das schwere Kreuz. XXXV. Jesus spricht die sieben letzten Worte und stirbt. XXXVI. Jesus wird in's Grab gelegt. XXXVII. Jesu Auferstehung. XXXVIII. Jesus überträgt dem Petrus das oberste Hirtenamt. XXXIX. Jesu Himmelfahrt. XL. Herabkunft des heiligen Geistes.

**Jedes Blatt wird einzeln abgegeben.**

**Bilder-Bibel** in englisch-französischer Ausgabe, siehe
Histoire sainte en tableaux und
Pictorial Bible.

„J'ai examiné les *quarante planches de l'Ancien et du Nouveau Testament* qui viennent de paraître dans la librairie Herder, et j'estime que cet ouvrage pourra rendre de réels services dans les écoles. Les sujets sont choisis avec discrétion, traités avec dignité et composés généralement d'après de bons modèles. L'enluminure, du moment qu'elle ne sera pas trop vive, ajoutera sensiblement à la valeur de ces tableaux, en

attirant plus vite les regards et en captivant mieux l'attention pendant les explications du maître. Aussi je suis sûr que le public leur fera bon accueil."
Strasbourg, Avril 1868. **André,** év. de Strasbourg.

„Die uns von der Herder'schen Verlagsbuchhandlung zu Freiburg im Breisgau vorgelegte Bilder-Bibel, enthaltend 40 Darstellungen der wichtigsten Begebenheiten aus dem Alten und Neuen Testamente, ist in einem hohen Grade geeignet, den Unterricht in der biblischen Geschichte in den Schulen zu beleben, und verdient daher, sowie auch wegen ihres geringen Preises alle Empfehlung. Wir machen deswegen die hochwürdige Pfarrgeistlichkeit auf dieses treffliche Hülfsmittel für den Religionsunterricht aufmerksam."
Hildesheim, den 19. Februar 1866.   gez. *Eduard Jacob,* Bischof.

„Gute bildliche Darstellungen haben beim Unterrichte überhaupt einen grossen Werth, besonders aber bei dem Unterrichte in der biblischen Geschichte. Bei den Erzählungen der heiligen Geschichte kommen Scenen vor, welche den Kindern ganz und gar unbekannte und fremdartige Dinge enthalten, die ihnen selbst durch die beste mündliche Darstellung nie so klar gemacht werden können, als durch gute Abbildungen. Die angezeigten bildlichen Darstellungen schliessen sich an die Bilder an, welche in der rühmlichst bekannten biblischen Geschichte von Schuster vorkommen, und sind ganz geeignet, die Liebe zum Lernen der heiligen Geschichte in den Herzen der Kinder zu entzünden. Die Zeichnungen, von tüchtigen Künstlern entworfen, sind gross genug, um von allen Schülern gesehen zu werden. Sie sind, in Rahmen gefasst, zugleich eine ebenso schöne als nützliche Zierde des Schulzimmers. Auswahl und Anordnung lassen nichts zu wünschen übrig."   (Theol.-prakt. Quartalschrift.)

27 **Birlinger, Dr. A.,** Nimm mich mit! Kinderbüchlein. 16⁰. Mit vielen Holzschnitten von Franz Pocci. (13 B.) 10 sgr. — 36 kr. — fr. 1. 35; einfach geb. 12 sgr. — 42 kr. — fr. 1. 60; in Leinwand geb. 15 sgr. — 48 kr. — fr. 1. 80.

28 _____ Volksthümliches aus Schwaben. 2 Bde. 8⁰. (76 B.) Thlr. 4. — fl. 7. — fr. 15. 75.

29 _____ Wörterbüchlein zum „Volksthümlichen aus Schwaben". kl. 8⁰. (6 B.) 14 sgr. — 48 kr. — fr. 1. 80.

„Das „Volksthümliche aus Schwaben", auf das wir unsere Leser zu wiederholten Malen aufmerksam gemacht haben, empfiehlt sich ebenso sehr durch die Reichhaltigkeit und Mannichfaltigkeit des Materials, wie durch die Sorgfalt und Treue, mit welcher dasselbe zusammengetragen ist, und glauben wir bei den Kennern des Fachs auf keinen Widerspruch zu stossen, wenn wir das Ganze als eine schätzenswerthe Bereicherung unserer culturgeschichtlichen Literatur bezeichnen." (Deutsches Museum.)

30 **Bock, C. P.,** der Bildercyclus in der Vorhalle des Freiburger Münsters. 8⁰. (6¼ B.) Mit 2 lithogr. Tafeln. 15 sgr. — 48 kr. — fr. 1. 80.

31 **Bodenmüller, F. J.,** Anleitung zur Ertheilung des sprachlichen Unterrichtes. Erstes Schuljahr. Vierte, verbesserte Auflage. 8⁰. (3 B.) 3 sgr. — 10 kr. — 40 cts.

32 _____ Zweites Schuljahr. Zweite, verbesserte Auflage. 8⁰. (2½ B.) 3 sgr. — 10 kr. — 40 cts.

33 _____ Drittes Schuljahr. Zweite, verbesserte Auflage. 8⁰. (3½ B.) 4 sgr. — 12 kr. — 45 cts.

34 _____ Viertes und fünftes Schuljahr. (Zweite Stufe.) Zweite, verbesserte Auflage. 8⁰. (5½ B.) 5 sgr. — 16 kr. — 60 cts.

35 _____ Sechstes, siebentes und beziehungsweise achtes Schuljahr. (Dritte Stufe.) Mit Zusätzen für Seminaristen und Lehrer. Zweite, verbesserte und vermehrte Auflage. 8⁰. (7 B.) 6 sgr. — 20 kr.

36 **Bodenmüller, F. J.**, ein Büchlein für Kinder des ersten und zweiten Schuljahres. Vierzehnte Auflage. 8⁰. (6 B.) Roh: 3 sgr. — 10 kr. — 40 cts.; geb. 4 sgr. — 13 kr. — 50 cts.

37 ———— Anweisung für Eltern, Lehrer und Schulvorstände zur Ertheilung des Religionsunterrichtes bei Kindern von 5 bis 7, beziehungsweise 8 Jahren. Dritte, verbesserte Auflage. 12⁰. (13½ B.) 10 sgr. — 30 kr. — fr. 1. 15.

„Der erste und wichtigste Unterricht, der zugleich Erziehung ist, wenn er nicht in verkehrter Weise gegeben wird, bleibt immer der religiöse. Wie dieser Unterricht zu handhaben ist, dass er ein vernünftiger sei und gute Früchte bringe, zeigt das Büchlein, das wir allen Lehrern und Katecheten recht angelegentlich empfohlen." (Sion.)

38 ———— biblische Geschichte des Alten und Neuen Testamentes für Kinder des zweiten, dritten und beziehungsweise vierten Schuljahres. Nebst einem Anhange von Mustersätzen in lateinischer Druckschrift. Dritte, verbesserte Auflage. 12⁰. (9½ B.) 4 sgr. — 14 kr. — 50 cts.; steif broschirt 5 sgr. — 16 kr. — 60 cts.

39 ———— Anleitung zur Obstbaumzucht in Schullehrerseminarien, in Werktags- und Fortbildungsschulen. Mit vier lithographirten Tafeln. Vierte, verbesserte Auflage. 12⁰. (2⅙ B.) 4 sgr. — 12 kr. — 45 cts.

40 ———— die Maikäfer und Engerlinge, mit besonderer Berücksichtigung ihrer Vermehrung, des durch sie entstehenden Schadens und der Art ihrer Vertilgung. Mit einer lithographirten Tafel. Zweite Auflage. 12⁰. (1½ B.) 2½ sgr. — 8 kr. — 30 cts.

41 **Braun, I.**, Mancherlei. Mit einem Titelbilde. 16⁰. (18 B.) Elegant geb. in colorirtem Umschlag mit Leinwandrücken: Thlr. 1. 6 sgr. — fl. 2. — fr. 4. 50.

Die „Allgem. Zeitung" sagt darüber: „Isabella Braun hat ein neues Büchlein zu Tag gegeben, traun, unter dem halben Hundert von Jugendschriften, welche dieser rüstigen Feder bereits entflossen sind, nicht das geringste. Es enthält, wie der Titel sagt, „*Mancherlei*": Altes, sorgfältig geschliffenes, und Neues, wohl dazu stimmendes, in Prosa und Versen, Dramatisches und Novellistisches, Lustiges und Ernstes, so z. B. die „Geschichte eines Pechvogels" und die musterhaft schöne Erzählung: „Wie der Hüter-Toni ein Maler wird", eine wahre Perle dieser Sammlung, welche sich dem Besten, was die Franzosen, z. B. Eugenie Foa mit Enfants célèbres, geleistet haben, ebenbürtig anreiht."

42 **Braun, Dr. St.**, Cantica sacra catholica polyphonis virorum choris accommodata. Collegit et domino admodum reverendo Leopoldo Lumpp dedicavit. 4⁰. (5¾ B.) 12 sgr. — 42 kr. — fr. 1. 60.

43 ———— Klänge kirchlicher Tonkunst in vierstimmigen Liedern für Sopran, Alt, Tenor und Bass, mit lateinischem und deutschem Texte versehen. 4⁰. (4 B.) 14 sgr. — 48 kr. — fr. 1. 80.

44 **Brentano, Fr.**, von der mannigfachen Bedeutung des Seienden nach Aristoteles. gr. 8⁰. (14¼ B.) Thlr. 1. — fl. 1. 42 kr. — fr. 3. 85.

45 **Brugier, G.**, Geschichte der deutschen National-Literatur. Für Schule und Selbstbelehrung. Mit vielen Proben und einem Glossar. Zweite, gänzlich umgearbeitete und sehr vermehrte Auflage. 8⁰. (36¾ B.)

im Allgemeinen durchaus unsern Beifall. Dass die neuere Literatur ausführlicher, die ältere dagegen kürzer bedacht ist, entspricht dem Zweck des Werkes, welches durch die übersichtliche Gruppirung der Dichterschulen sich noch besonders empfiehlt. Ueberhaupt scheint das Werk mit grosser Vorliebe und Sorgfalt bearbeitet zu sein, und wir wünschen ihm, dass es baldigst in vielen Schulen Eingang finden möge."

46 **Bühler, W.**, Sprachlehre für Volksschulen. 12°. (7⅚ B.) 6 sgr. — 18 kr. — 70 cts.

**Bumüller, Dr. J.**, Atlas, s. Kutscheit, Atlas zu Bumüllers Geschichtswerken.

47 —— Geschichte des Alterthums. I. Theil: Geschichte von Babel und Assur, Syrien, Phönikien, Israel und Aegypten bis zur Gründung des Perserreiches durch Kyrus. gr. 8°. (23½ B.) Thlr. 1. 10 sgr. — fl. 2. 18 kr. — fr. 5. 20.

48 —— Geschichte der neuesten Zeit. Von 1815—1855. Zweite Auflage. gr. 8°. (18 B.) 20 sgr. — fl. 1. 6 kr. — fr. 2. 50.

49 —— die Weltgeschichte. Ein Lehrbuch für Mittelschulen und zum Selbstunterricht. Sechste, verbesserte Auflage. gr. 8°. Drei Bde. (99¾ B.) Thlr. 3. 15 sgr. — fl. 6. — fr. 13. 50.

50    I. Band: Geschichte des Alterthums. (27¼ B.) Thlr. 1. — fl. 1. 45 kr. — fr. 3. 95.

51    II. Band: Geschichte des Mittelalters. (25 B.) 27 sgr. — fl. 1. 30 kr. — fr. 3. 40.

52    III. Band: Geschichte der neuen Zeit. (47½ B.) Thlr. 1. 18 sgr. — fl. 2. 45 kr. — fr. 6. 20.

Jeder Band bildet ein in sich abgeschlossenes Werk und wird einzeln abgegeben.

„Die Jugendfrische der Darstellung, welche dieses Werk belebt, beruht vornehmlich auf der dem Verfasser in hohem Grad eigenen Kunst des *Individualisirens*, die sich mit besonderem Glücke in der lebendigsten Schilderung der *Cultur*-Geschichte bewährt. Allenthalben sehen wir an Lokales und Persönliches angeknüpft, und eben dadurch das Verständniss des Ganzen in plastischen Formen nahegelegt; allenthalben in wohlgelungenen Parallelen die Vergangenheit in Beziehung und Verbindung gesetzt mit den Zuständen und Vorkommnissen der Gegenwart."

53 —— die Weltgeschichte im Ueberblick für Gymnasien, Real- und höhere Bürgerschulen und zum Selbstunterrichte. Frei bearbeiteter Auszug aus des Verfassers grösserem Werke. Drei Abtheilungen. gr. 8°. (31⅝ B. u. 8 Tabellen.) Thlr. 1. 12 sgr. — fl. 2. 12 kr. — fr. 4. 95.

54    1. Abtheilung: Geschichte der alten Welt. (13½ B. u. 2 Uebersichtstabellen) 15 sgr. — 48 kr. — fr. 1. 80.

55    2. Abtheilung: Geschichte des Mittelalters. (8½ B. u. 3 Uebersichtstabellen.) 12 sgr. — 36 kr. — fr. 1. 35.

56    3. Abtheilung: Geschichte der neuern Zeit. (9⅝ B. u. 3 Uebersichtstabellen.) 15 sgr. — 48 kr. — fr. 1. 80.

Jede Abtheilung wird einzeln abgegeben.

**Bumüller, Dr. J., u. Dr. J. Schuster**, Lesebuch für Volksschulen. Mit 436 Abbildungen. 12°. 2 Bände oder 10 Abtheilungen. (110 B.)

**Vollständig in zwei Bänden:**

57 Feine Ausgabe: Thlr. 1. 20 sgr. — fl. 2. 30 kr. — fr. 5. 65; mit der Gebrauchs-Anleitung: Thlr. 1. 26 sgr. — fl. 2. 54 kr. — fr. 6. 50.

58    I. Band (1—5. Abtheilung) 25 sgr. — fl. 1. 15 kr. — fr. 2. 80.

59    II. Band (6—10. Abtheilung) 25 sgr. — fl. 1. 15 kr. — fr. 2. 80.

60 Gewöhnliche Ausgabe: Thlr. 1. 3 sgr. — fl. 1. 42 kr. —

| | |
|---|---|
| | fr. 3. 85; mit der Gebrauchs-Anleitung: Thlr. 1. 11 sgr. — fl. 2. 6 kr. — fr. 4. 75. |
| 61 | I. Band (1—5. Abtheilung) 15 sgr. — 48 kr. — fr. 1. 80; mit der Gebrauchsanleitung 23 sgr. — fl. 1. 12 kr. — fr. 2. 70. |
| 62 | II. Band (6—10. Abtheilung) 18 sgr. — 54 kr. — fr. 2. |

**Vollständig in zehn Abtheilungen:**

| | |
|---|---|
| 63 | Feine Ausgabe: 1—5., 7. u. 9. Abthlg. broschirt, je 5 sgr. — 15 kr. — 55 cts.; geb. in Pappe 7 sgr. — 21 kr. — 80 cts. 6., 8. u. 10. Abthlg. broschirt je 9 sgr. — 27 kr. — fr. 1.; geb. in Pappe 10 sgr. — 30 kr. — fr. 1. 15. |

Probe der Illustration: Börse in London. (10. Abtheilung. S. 129.)

Die 6—10. Abtheilung dieser feinen Ausgabe sind zu den gleichen Preisen auch in Illustrirten Separat-Ausgaben unabhängig vom Lesebuch erschienen und zwar: die

64   6. unter dem Titel: **Weltgeschichte für die Jugend** 9 sgr. — 27 kr. — fr. 1.
65   7.   „     „     „   **Weltkunde für die Jugend** . . . 5 sgr. — 15 kr. — 55 cts.
66   8.   „     „     „   **Naturgeschichte für die Jugend** 9 sgr. — 27 kr. — fr. 1.
67   9.   „     „     „   **Naturlehre für die Jugend** . . . 5 sgr. — 15 kr. — 55 cts.
68  10.   „     „     „   **Erdkunde für die Jugend** . . . . 9 sgr. — 27 kr. — fr. 1.

Gewöhnliche Ausgabe in Partien roh:

69   1. Abthl. das erste Schuljahr, 30. Aufl. Mit 69 Illustr.   3 sgr. —  9 kr. — 35 cts.
70   2. Abthl. das zweite Schuljahr, 22. Aufl. Mit 33 Illustr.  3 sgr. —  8 kr. — 30 cts.
71   3. Abthl. das dritte Schuljahr, 18. Aufl. Mit 32 Illustr.  3 sgr. —  9 kr. — 35 cts.
72   4. Abthl. das vierte Schuljahr, 12. Aufl. Mit 38 Illustr.  3 sgr. —  9 kr. — 35 cts.
73   5. Abthl. die letzten Schuljahre, 12. Aufl. Mit 27 Illustr. 3 sgr. —  9 kr. — 35 cts.
74   6. Abthl. Geschichte, 7. Aufl. Mit 33 Illustr. . . .       4 sgr. — 12 kr. — 45 cts.
75   7. Abthl. Weltkunde, 5. Aufl. Mit 42 Illustr. . . .        3 sgr. —  9 kr. — 35 cts.
76   8. Abthl. Naturgeschichte, 6. Aufl. Mit 87 Illustr. .      6 sgr. — 18 kr. — 70 cts.
77   9. Abthl. Naturlehre. Mit 55 Illustr. . . . . . .          3 sgr. —  9 kr. — 35 cts.
78  10. Abthl. Erdkunde. Mit 20 Illustr. . . . . . . .          6 sgr. — 18 kr. — 70 cts.

Jede Abtheilung gebunden in Pappe 1 sgr. — 3 kr. — 15 cts. mehr.

Zur Benützung mit dem Lesebuch ist ferner separat erschienen:

79 **Das Lesebuch in der Volksschule.** Bemerkungen zu dessen Gebrauch. Dritte Auflage. 12°. (9$^1/_2$ B.) Preis: 8 sgr. — 24 kr. — 90 cts.

80 **Zwanzig Wandtafeln** als Hilfsmittel beim Gedrucktlesen in der Volksschule. Im Anschluss an die verbreitetsten Lesebücher, namentlich an das von Dr. *Bumüller* und Dr. *Schuster*. Zweite Ausgabe. Imperialf. Preis: Thlr. 1. 6 sgr. — fl. 2. — fr. 4. 50.

Das nunmehr in zwei Bänden oder 10 Abtheilungen vollständig vorliegende, reich illustrirte „**Lesebuch von Dr. Bumüller und Dr. Schuster**" wurde gleich nach Erscheinen von dem hochwürdigsten Herrn Erzbischof Hermann von Freiburg auf's Wärmste empfohlen, von hervorragenden Schulmännern, wie Kellner u. A., auch in seiner Eigenschaft als Realbuch für den Lehrer belobt, durch Erlass des k. bayerischen Staatsministeriums des Innern in Bayern zugelassen und in sehr vielen Schulen Deutschlands und der Schweiz eingeführt.

**Bumüller, Dr. J., u. Dr. J. Schuster,** *kleine illustrirte Jugendbibliothek:*

81   **1. Weltgeschichte für die Jugend.** Sechste Auflage. Mit 33 in den Text gedruckten Illustrationen. 12°. (7 B.) Ausgabe auf feines Papier 9 sgr. — 27 kr. — fr. 1.; geb. 10 sgr. — 30 kr. — fr. 1. 15. Schulausgabe 4 sgr. — 12 kr. — 45 cts.; geb. 5 sgr. — 15 kr. — 55 cts.

„Den Text als solchen haben wir bei dem bewährten Rufe der Verfasser kaum nöthig zu empfehlen. Die Ausstattung aber, sowohl was das Papier, als was die zahlreichen Holzschnitte anbetrifft, gehört nicht bloss zu dem Besten, sondern ist geradezu das Beste, was für solchen Preis bisher auf diesem Gebiete geliefert war."
(Literar. Handweiser.)

82   **2. Weltkunde für die Jugend.** Fünfte Auflage. Mit 42 in den Text gedruckten Abbildungen. 12°. (5$^1/_2$ B.) Ausgabe auf feines Papier 5 sgr. — 15 kr. — 55 cts.; geb. 7 sgr. — 21 kr. — 80 cts. Schulausgabe 3 sgr. — 9 kr. — 35 cts.; geb. 4 sgr. — 12 kr. — 45 cts.

„An der Hand dieses Buches gewinnt das Kind eine klare Einsicht in das Weltgebäude, in die Erscheinungen und Gesetze desselben. Vierzig deutliche Abbildungen thun das Meiste dazu. Es wäre zu wünschen, dass jeder 10—12jährige Junge als Weihnachtsgabe dieses Büchlein erhielte."
(Trier'sches Schulblatt.)

83   3. **Naturgeschichte für die Jugend.** Sechste, verbesserte Auflage.
Mit 87 in den Text gedruckten Illustrationen. 12°. (9²/₃ B.)
Ausgabe auf feines Papier 9 sgr. — 27 kr. — fr. 1.; geb.
10 sgr. — 30 kr. — fr. 1. 15. Schulausgabe 6 sgr. — 18 kr.
— 70 cts.; geb. 7 sgr. — 21 kr. — 80 cts.

„Das Buch führt die Naturprodukte zunächst in einzelnen Bildern vor. Es fängt also nicht mit allgemeinen Klassificationen, mit dem System an, sondern gibt vorerst Beschreibungen und Schilderungen interessanter Einzelheiten, durchgehends sogenannte *Charakterbilder*, d. h. lebensvolle Beschreibungen solcher Naturerzeugnisse, die ganze Gattungen repräsentiren. Schilderungen der Produkte des Vaterlandes machen den Anfang, wobei dann von den näheren zu den entfernten Kreisen übergegangen wird. Erst nachdem *Haus* und *Hof*, der *Garten*, *Feld* und *Wiese*, *Wald* und *Berg* durchwandert sind und dort Umschau gehalten worden ist, wird der geistige Blick nach der *heissen* und *kalten Welt* gerichtet, um auch dort den Reichthum der Natur zu bewundern. Und nachdem so auf der Oberfläche der Erde Rundschau gehalten, wird das Auge auf das Leben im *Wasser* und auf die Schätze im *Erdinnern* gelenkt, und erst am Ende erfolgt dann die Klassification der verschiedenen Naturprodukte, eine Uebersicht der *Naturreiche in ihren Abtheilungen*. Die Darstellung ist fasslich und sehr ansprechend, so wie die Abbildungen durch Treue und kunstreiche Ausführung sich auszeichnen."   (Zeitschrift f. Erziehung u. Unterricht.)

84   4. **Naturlehre für die Jugend.** Zweite, verbesserte Auflage. Mit 55 in den Text gedruckten Illustrationen. 12°. (3½ B.) Ausgabe auf feines Papier 5 sgr. — 15 kr. — 55 cts.; geb. 7 sgr. — 21 kr. — 80 cts. Schulausgabe 3 sgr. — 9 kr. — 35 cts.; geb. 4 sgr. — 12 kr. — 45 cts.

Dieses Werkchen verbreitet sich kurz und leicht fasslich über folgende Gegenstände: Schwere, Bewegung, Pendel, Schwerpunkt, Hebel, Rollen, Flaschenzug, Rad an der Welle, Mühle, schiefe Ebene, Gleichgewicht der Flüssigkeiten, Barometer, Saug- und Druckpumpe, Heber, Feuerspritze, Windbüchse, Luftpumpe, Schall, Luftarten, Thermometer, Luftströmungen, Sieden und Verdampfen, Dampf und seine Anwendung, Fortpflanzung der Wärme, gebundene Wärme, Zurückwerfung des Lichts (Spiegel), Brechung des Lichts (Linsengläser, Luftspiegelung), das Auge, optische Instrumente, die Farben, Reibungs- und Berührungs-Elektricität, Magnetismus, Elektromagnetismus, Nordlicht, Feuerkugeln, Steinregen, Sternschnuppen und Irrlichter.

85   5. **Erdkunde für die Jugend.** Mit 20 grossen Abbildungen. 12°. (9 B.)
Ausgabe auf feines Papier 9 sgr. — 27 kr. — fr. 1.; geb.
10 sgr. — 30 kr. — fr. 1. 15. Schulausgabe 6 sgr. — 18 kr.
— 70 cts.; geb. 7 sgr. — 21 kr. — 80 cts.

„Das (mit vorzüglichen Holzschnitten) hübsch ausgestattete Büchlein enthält zwei Abtheilungen, einen kurzen Abriss der Geographie, der als Leitfaden und Stoffsammlung für den eigentlichen Unterricht anzusehen ist, und 40 geographische Bilder und Schilderungen, welche zusammen ein kleines geographisches Lesebuch bilden. Wir haben also Lehr- und Lesebuch in einem Bande, aber doch wieder jedes für sich. Bei der Abfassung beider Theile ist das Bedürfniss der Oberklassen in Volksschulen zunächst in's Auge gefasst, im Ganzen auch wohl das Passende ausgewählt, bei Namen und Zahlen die nöthige Sorgfalt verwendet und das historische Element überall mit möglichster Objectivität eingeflochten. Die Beschreibungen und Schilderungen sind ganz allerliebst, und die Sprache geht nicht über das Fassungsvermögen der Leser, für welche das Büchlein bestimmt ist, hinaus."
(Krit. pädagog. Vierteljahrsschrift.)

*Diese fünf Bändchen bilden die 6., 7., 8., 9. u. 10. Abtheilung des Lesebuchs von Dr. Bumüller und Dr Schuster, das in 10 Abtheilungen oder zwei Bänden in einer feinen und einer gewöhnlichen Schulausgabe roh und gebunden bezogen werden kann.*

zu einer rein katholischen Universität deutscher Nation. gr. 8⁰. (33½ B.) Thlr. 1. 5 sgr. — fl. 2. — fr. 4. 50.

87 **Campadelli, J. B.**, Predigten auf alle Sonn- und Festtage des Kirchenjahres. Neu herausgegeben von einem Priester der Erzdiöcese Freiburg. Mit einem kurzen Vorwort von *Alban Stolz.* 8 Hefte. gr. 8⁰. (64 B.) Jedes Heft 12 sgr. — 36 kr. — fr. 1. 35.

    **Alban Stolz** sagt in dem Vorwort: „Ich habe diese Predigten schon als Vicar einmal in der Bibliothek meines Principals gefunden; damals fielen sie mir auf durch den Mangel dessen, woran gedruckte Predigten meistens grossen Ueberfluss haben, nämlich die Langweiligkeit. Und auch jetzt noch, da Jahrzehnte darüber verlaufen sind, halte ich die Predigten von Campadelli zwar nicht für *Musterpredigten* (denn solche zahllos zu liefern, war unserer Neuzeit vorbehalten), aber für *sehr lehrreiche* Predigten. Man kann daran lernen, wie für das gemeine Volk eine Religionswahrheit mit der grössten Deutlichkeit und Bestimmtheit dargestellt werden kann, und zugleich anziehend und unterhaltend gemacht wird. Man kann desshalb die Predigten von Campadelli in formeller und materieller Beziehung empfehlen."

88 **Capéfigue, M.**, Geschichte der 100 Tage. Aus dem Französischen. Zwei Thle. Mit 3 Kupfern. gr. 8⁰. (53 B.) Thlr. 3. — fl. 5. 24 kr. — fr. 12. 15.

89 **Chrysostomus, Johannes**, des hl., Patriarchen von Constantinopel, ascetische Schriften, übersetzt von Dr. *J. Fluck.* gr. 8⁰. (20½ B.) 28 sgr. — fl. 1. 36 kr. — fr. 3. 60.

    *Verzeichniss der Schriften:* Wider die Gegner des Mönchslebens. Vergleichung der Macht, des Reichthums und des Vorrangs eines Königs mit einem Mönche, der in der wahren Philosophie lebt. Gegen jene Mönche, welche Jungfrauen in's Haus aufnehmen und als Schwestern bei sich wohnen lassen. Dass gottgeweihte Jungfrauen nicht mit Männern zusammenleben sollen. Von dem jungfräulichen Stande. An eine junge Wittwe.

90 **Communionbild**, neues. Nach einer Originalzeichnung von *J. Heinemann.* Mit Unterschrift zum Ausfüllen. gr. 4⁰. Schwarz: 1½ sgr. — 5 kr. — 20 cts. Tondruck und colorirt: 2½ sgr. — 8 kr. — 30 cts.

91      Dasselbe in Photographie. gr. 8⁰. 5 sgr. — 18 kr. — 70 cts.

    „Als *Andenken für Erstcommunicanten* hat die *Herder*'sche Verlagshandlung in *Freiburg* ein zu diesem Zwecke sehr empfehlenswerthes Blatt (Photographie in 8⁰, Lithographie in 4⁰) herstellen lassen. Dasselbe ist in der Composition ebenso sinnig, wie in der photo-lithographischen Ausführung sauber und elegant. Von drei durch den Stamm und die Zweige eines Weinstockes gebildeten Feldern enthält das obere, runde, das Bild des brodbrechenden Christus, die beiden untern in Spitzbogenform von einem Engel zum Tische des Herrn geleitete Knaben und Mädchen und den ihnen die Himmelsspeise reichenden Priester. Gothisches, mit Spruchbändern durchwebtes Blätterwerk schliesst sich zu einer stylgerechten Einfassung um das Ganze. Der reiche Inhalt drängt sich aber durch die Oekonomie des Künstlers, wie oben angedeutet, auf einen nicht zu grossen Raum zusammen." (Köln. Blätter.)

92 **Conrad, A.**, dramatische Blüthen. Der katholischen Jugend gewidmet. 12⁰. (4⅓ B.) 7 sgr. — 24 kr. — 90 cts. Musikbeilage dazu, componirt von Aloys Koob. gr. 4⁰. (3¼ B.) 5 sgr. — 16 kr. — 60 cts.

**Conversations-Lexikon**, s. *Herder's* Conversations-Lexikon.

93 **Cotel, P. P.**, Katechismus der Gelübde für die gottgeweihten Personen des Ordensstandes. Aus dem Französischen übersetzt. Mit Approbation des hochw. Herrn Erzbischofs von Freiburg. 12⁰. (3 B.) 5 sgr. — 15 kr. — 55 cts.

    „Den Ordenspersonen deutscher Zunge wird hier in Uebersetzung ein Büchlein dargeboten, das im französischen Originale schon vor drei Jahren die siebente Auflage

ist es dem Verfasser gelungen, den Hauptinhalt des ganzen Ordenslebens, wie es sich auf den drei heiligen Gelübden als seiner Basis aufbaut, in der knappen Form als Frage und Antwort (mit eingestreuten Erklärungen und Noten) in einer solchen Kürze und zugleich Bestimmtheit darzustellen, dass an ein Büchlein von so bescheidenem Umfange wie das vorliegende wohl kaum noch weitere Anforderungen gestellt werden dürften." (Salzb. Kirchenblatt.)

94 **Daniel**, P. C., classische Studien in der christlichen Gesellschaft. Aus dem Französischen übersetzt von *J. M. Gaiser*. gr. 8⁰. (21½ B.) Thlr. 1. 3 sgr. — fl. 1. 48 kr. — fr. 4. 5.

95 **Deharbe**, J., S. J., kleiner katholischer Katechismus für die untere Klasse der Elementarschulen. Zweite Auflage. 16⁰. (2 B.) Roh 1 sgr. — 3 kr. — 11 cts.; geb. 1½ sgr. — 4 kr. — 15 cts.

96 ——— katholischer Katechismus für die Elementarschulen, zunächst für die mittlere und höhere Klasse. Zweite Auflage. 12⁰. (5 B.) Roh 3 sgr. — 9 kr. — 35 cts. Partiepreis bei 100 Exempl. roh 2½ sgr. — 8½ kr. — 33 cts.; geb. 3½ sgr. — 11½ kr. — 43 cts.

Diese zwei *neuen* Katechismen sind im Erzbisthum Freiburg amtlich eingeführt (s. „*Katechismus, kleiner* und *mittlerer*"). Dieselben zeichnen sich insbesondere durch ihre leichtfassliche Sprache aus. Bezüglich des Umfangs steht der neue Katechismus in der Mitte zwischen dem seitherigen kleinen Katechismus Nr. 3 und dem grössern Nr. 2.

**Urtheilsberufene halten diesen Katechismus für den besten, den P. Deharbe je für Elementarschulen verfasst hat.**

**Eine Erklärung dieser Deharbe'schen Katechismen s. Schmitt.**

97 **Denkschrift** des Erzbischofs von Freiburg. Die Reform des Schulwesens betreffend. gr. 8⁰. (5⅛ B.) 9 sgr. — 30 kr. — fr. 1. 15.

In vorliegender Denkschrift wird die Schulfrage so schlagend, so eingehend und klar beleuchtet, wie es wohl keine der zahlreichen jüngst in dieser Angelegenheit erschienenen Broschüren gethan hat. (Deutscher Schulbote.)

98 ——— über die Parität an der Universität Bonn mit einem Hinblick auf Breslau und die übrigen preussischen Hochschulen. Ein Beitrag zur Geschichte deutscher Universitäten im 19. Jahrhundert. Nebst Beilagen. 8⁰. (14 B.) 18 sgr. — 54 kr. — fr. 2.

99 ——— des Episcopates der oberrheinischen Kirchenprovinz in Bezug auf die Königl. Württembergische, Grossherzogl. Badische, Grossherzogl. Hessische und Herzogl. Nassauische allerhöchste Entschliessung vom 5. März 1853, in Betreff der Denkschrift des Episcopats vom März 1851. Zweite Auflage. gr. 8⁰. (8 B.) 8 sgr. — 24 kr. — 90 cts.

100 **Deutinger**, Dr. M., das Evangelium Johannis in Kanzelvorträgen. Ausgabe in einem Bande. gr. 8⁰. (62 B.) Thlr. 1. 20 sgr. — fl. 2. 48 kr. — fr. 6. 30.

„Es gereicht uns zu besonderer Freude, die Leser des „Katholiken" auf diese Vorträge über das Evangelium des heil. Johannes aufmerksam zu machen. Denn Niemand wird diese treffliche und schöne Lectüre ohne Nutzen aus der Hand legen. Zwar sind es keine Predigten, die man so ohne Weiteres wieder halten könnte, aber es sind geistvolle und tiefsinnige Betrachtungen, *aus denen sich Predigten für die Seelsorge herausarbeiten lassen*. Es gehört zu den längst anerkannten Vorzügen Deutingers, dass er in seinen Schriften eine reiche Fülle von Gedanken bietet, welche die herrschenden Zeitfragen in trefflicher Weise berühren, und dieser Vorzug tritt in den obigen Vorträgen besonders glänzend hervor. Ein ausführliches Inhaltsverzeichniss, das vorausgeschickt ist, gibt sowohl das Thema des ganzen Vortrages, als auch den

101 **Diöcesan-Archiv,** Freiburger. Organ des kirchlich-historischen Vereins der Erzdiöcese Freiburg für Geschichte, Alterthumskunde und christliche Kunst. Mit Berücksichtigung der angrenzenden Bisthümer. Erster und zweiter Band. gr. 8°. (Jeder Band circa 30 B.) à Thlr. 1. 10 sgr. — fl. 2. 20 kr. — fr. 5. 25.

102 **Dittrich,** Dr., Dionysius der Grosse von Alexandrien. Eine Monographie. 8°. (8 B.) 16 sgr. — 54 kr. — fr. 2.

103 **Döllinger, J.,** Luther. Eine Skizze. Aus dem „Kirchenlexikon" besonders abgedruckt. 8°. (4 B.) 8 sgr. — 24 kr. — 90 cts.

104 ———— Pflicht und Recht der Kirche gegen Verstorbene eines fremden Bekenntnisses. Aus den hist.-polit. Blättern besonders abgedruckt. 8°. (4 B.) 4 sgr. — 12 kr. — 45 cts.

105 **Dörle, A.,** Anselm, oder der neugeworbene Pietist. Eine Erzählung zur Belehrung und Warnung dem katholischen Volke gewidmet. Mit Genehmigung des hochw. Erzb. Ordinariats. Zweite Auflage. 12°. (2 B.) 1½ sgr. — 4 kr. — 15 cts.

106 ———— die katholische Kirche ist die wahre Kirche Christi. Beweisgründe dafür zur Belehrung und Erbauung des katholischen Volkes. 12°. (5 B.) 5 sgr. — 15 kr. — 55 cts.

107 **Dreves,** Dr. L., Annuae missionis Hamburgensis a MDLXXXIX ad MDCCLXXXI quas ex manuscriptis, ad breviorem formam summatim contractas, nunc primum edidit variisque adnotationibus instruxit. gr. 8°. (17 B.) Thlr. 1. 14 sgr. — fl. 2. 30 kr. — fr. 5. 65.

108 **Dupanloup, F.,** (Bischof von Orléans), Unterhaltungen über die populäre Predigtweise. Autorisirte Uebersetzung. 8°. (21¾ B.) Thlr. 1. 10 sgr. — fl. 2. 12 kr. — fr. 4. 95.

„Vorliegendes Werk des berühmten Bischofs von Orléans ist unstreitig eine der reifsten Früchte seines Geistes. Dupanloup, vielleicht der grösste unter den jetzt lebenden Kanzelrednern Frankreichs, ertheilt in diesem Buche dem Curatklerus seiner Diöcese eine gründliche, aus Studium und Erfahrung geschöpfte Anleitung zur fruchtbringenden Verwaltung ihres *homiletischen* und *katechetischen* Amtes. Obschon dieses bischöfliche Wort für den Klerus der Diöcese Orléans von officieller Bedeutung ist und eine Pastoralinstruction für denselben bildet, trägt es doch ganz das einfache und anmuthige Gepräge der liebevollen Unterredung eines Vaters mit seinen Söhnen. Der zweite Theil des Buches, der katechetische Theil, enthält zwar Manches, was sich speciell auf französische Zustände bezieht; im Ganzen genommen bietet aber das Buch so viele treffliche Fingerzeige, dass wir die Uebertragung desselben in das Deutsche als eine ebenso practische wie verdienstvolle Arbeit begrüssen. Hr. Repetitor A. *Maier*, der ungenannte Uebersetzer des Werkes, hat seine Aufgabe mit grossem Geschick gelöst und hat so die homiletische Literatur mit einer literarischen Perle bereichert, die, wenn gleich auf französischem Boden entsprossen, doch auch in Deutschland die weiteste Verbreitung verdient und jeder Priesterbibliothek zur Zierde gereicht. Wir empfehlen das treffliche Buch insbesondere dem hochw. Curatklerus zu aufmerksamer Beachtung und zu fleissigem Studium." (Freib. Kirchenblatt.)

109 **Eckstein,** Baron v., Geschichtliches über die Askesis der alten heidnischen und der alten jüdischen Welt, als Einleitung einer Geschichte der Askesis des christlichen Mönchthums. Mit einem Vorworte von *Joh. Jos. Ign. Döllinger.* 8°. (20 B.) Thlr. 1. 10 sgr. — fl. 2. 12 kr. — fr. 4. 95.

Am Schlusse einer eingehenden Besprechung dieses Werkes sagt die Kath. Literaturzeitung: „Jedenfalls bleibt das Buch ein Denkmal deutschen Fleisses und grossen

Scharfsinnes, und verdient den Lobspruch *Döllingers*: „Die vergleichende Religionsgeschichte ist ein Gebiet, auf welchem kritiklose Willkür, regellose Phantasie und unhistorische Combinationssucht viel Verwirrung gestiftet, viel Werthloses geschaffen haben. Man wird dem Verfasser das Zeugniss nicht versagen dürfen, dass er diese Fehler nicht bloss an Andern erkannt und gerügt, sondern sie auch zu vermeiden verstanden hat."

**Encyclica, die, Papst Pius' IX. vom 8. Dezember 1864.** Stimmen aus Maria-Laach. 12 Hefte. gr. 8°.

110     I. *Eine Vorfrage über die Verpflichtung.* Von *Fl. Riess.* Zweite Auflage. (7½ B.) 12 sgr. — 40 kr. — fr. 1. 50.

111     II. *Die Grundirrthümer unserer Zeit.* Von *P. Roh.* Dritte Auflage. (4¼ B.) 6 sgr. — 20 kr. — 75 cts.

112     III. *Irrthümer über die Ehe.* Von *G. Schneemann.* Zweite Auflage. (7¾ B.) 12 sgr. — 40 kr. — fr. 1. 50.

113     IV. *Der Papst und der Kirchenstaat.* Von *D. Rattinger.* Zweite Auflage. (11¼ B.) 16 sgr. — 54 kr. — fr. 2.

114     V. *Die moderne Irrlehre oder der Liberalismus und seine Verzweigungen im Lichte der Offenbarung.* Von *Fl. Riess.* Zweite Auflage. (6¾ B.) 12 sgr. — 40 kr. — fr. 1. 50.

115     VI. *Die Freiheit und Unabhängigkeit der Kirche.* Von *G. Schneemann.* Zweite Auflage. (7¼ B.) 12 sgr. — 40 kr. — fr. 1. 50.

116     VII. *Die kirchliche Gewalt und ihre Träger.* Von *G. Schneemann.* (7 B.) 12 sgr. — 40 kr. — fr. 1. 50.

117     VIII. *Der Papst, das Oberhaupt der Gesammtkirche.* Von *G. Schneemann.* (5 B.) 14 sgr. — 45 kr. — fr. 1. 70.

118     IX. *Die Grundsätze der Sittlichkeit und des Rechts.* Von *W. Meyer.* (17¾ B.) 28 sgr. — fl. 1. 36 kr. — fr. 3. 60.

119     X. *Die kirchliche Lehrgewalt.* Von *G. Schneemann.* (14¼ B.) 24 sgr. — fl. 1. 20 kr. — fr. 3.

120     XI. *Der moderne Staat und die christliche Schule.* Von *Fl. Riess.*

Unter vorstehenden Titeln veröffentlicht ein Kreis von Priestern der Gesellschaft Jesu eine gründliche Erörterung der Encyclica und des Syllabus nebst Vertheidigung derselben gegen berücksichtigenswerthe Einwürfe. Die Herausgabe geschieht in 12 Heften, wovon jedes eine in sich abgeschlossene Abhandlung enthält und einzeln abgegeben wird.

**Erdkunde** für die Jugend, s. *Bumüller* und *Schuster* Lesebuch, 10. Abtheil.

121    **Finetti**, P. Fr., Predigten über die hl. Schrift des neuen Testaments. Aus dem Italienischen. Zweite Ausgabe. gr. 8°. (40 B.) 27 sgr. — fl. 1. 30 kr. — fr. 3. 40.

Das Rottenb. katholische Kirchenblatt sagt über das hier angekündigte Werk: „Diese Predigten sind in der Kirche *al Gesù* zu Rom gehalten worden. Ihr Verfasser hat sie für gewöhnliche Zuhörer bestimmt, und in der That eignen sie sich für solche ganz vorzüglich. Er wollte nicht studirte Gelehrsamkeit, spitzfindige Fragen oder scharfsinnige Untersuchungen produciren, sondern in die christlichen Gemüther neues Licht für die Kenntniss der Evangelien und in die christlichen Herzen lebendigen Affekt wahrer Frömmigkeit und aufrichtiger und eifriger Religion eingiessen. Diess zu bewirken, besitzt sein Buch alle Eigenschaften, und wir können die Lectüre desselben den Geistlichen und Laien nicht genug empfehlen."

122    **Floss**, Dr. H. J., Leonis VIII. privilegium de investituris Ottoni I. imperatori concessum nec non Ludovici Germanorum regis summorum pontificum archiepiscoporum Coloniensium aliorum saeculi IX. X. XI. epistolae. Ex codice Treverensi nunc primum edidit et recensuit. Praemittitur de ecclesiae periculis imperatore Ottone I. disputatio. 8°. (11 B.) Thlr. 1. 10 sgr. — fl. 2. 15 kr. — fr. 5. 5.

123    ——— die Papstwahl unter den Ottonen nebst ungedruckten Papst- und Kaiserurkunden des IX. und X. Jahrhunderts, darunter das

Privilegium Leo's VIII. für Otto I. 8⁰. (11½ B.) Thlr. 1. 10 sgr.
— fl. 2. 15 kr. — fr. 5. 5.

**Franz von Sales,** Philothea, oder Anleitung zum gottseligen Leben. Aus
dem Französischen übersetzt von *Heinrich Schröder.* Mit einem
Anhang von Gebeten.

124     Ausgabe in Duodez. (17¾ B.) 10 sgr. — 36 kr. — fr. 1. 35.
In Leinwand geb. 17 sgr. — fl. 1. — fr. 2. 25; elegant geb.
mit Goldschnitt 19 sgr. — fl. 1. 6 kr. — fr. 2. 48.

125     Ausgabe in klein Duodez. Zweite Auflage. (16 B.) Feine
Ausgabe 10 sgr. — 36 kr. — fr. 1. 35; in Leder geb. 28 sgr. —
fl. 1. 36 kr. — fr. 3. 60; gewöhnl. Ausgabe 7½ sgr. — 30 kr.
— fr. 1. 15; in Leinwand geb. 15 sgr. — 54 kr. — fr. 2.

„Die vorliegende Uebersetzung und Ausgabe der allbekannten Philothea gehört
zu den besten, die wir besitzen. Die Uebersetzung ist fliessend. Druck, Papier, For-
mat und anderweitige Ausstattung empfehlenswerth."     (Schles. Kirchenblatt.)

126  **Fullerton, G.,** Rose Leblanc. Aus dem französischen Original. kl. 8⁰.
(12¾ B.) 15 sgr. — 48 kr. — fr. 1. 80.

127  **Gesang- und Gebetbuch** für die katholische Jugend. Von einem Priester der Erzdiöcese Freiburg. Neue Stereotyp-Auflage. Titel in
Farbendruck. 12⁰. (10½ B.) 6 sgr. — 18 kr. — 70 cts.; geb. in
Leinwand 9 sgr. — 29 kr. — fr. 1. 10; in Pappe 7 sgr. — 21 kr.
— 80 cts. Für Baden roh: 15 kr., in Pappe 18 kr., in Leinwand 26 kr.

128  **Geschichte,** biblische, des alten und neuen Testaments mit 120 Abbildungen in Steindruck, frei bearbeitet nach Christoph Schmid.
Zweite Auflage. 2 Thle. gr. 8⁰. (23¼ B.) Thlr. 3. 10 sgr. —
fl. 6. — fr. 13. 50.

129  **Geschichte,** kurze, des Lebens der ehrwürdigen Mutter *Maria Anna
Xantonia,* Stifterin der Gesellschaft St. Ursula von der Unterweisung
der Jugend. Sammt einigen geistreichen Lehren und heiligen An-
muthungen, welche diese Dienerin Gottes ihren geistlichen Töchtern
zur Lehre und den Geist zu stärken ertheilet hat. Mit einem Vorwort von *Alban Stolz.* 12⁰. (3 B.) 5 sgr. — 15 kr. — 55 cts.

*Alban Stolz* sagt im Vorwort: „Diese kleine Schrift wird vor Allem für die Mitglie-
der der Gesellschaft der Ursulinerinnen von grossem Interesse sein. Indem sich aber
in dem Leben der ehrwürdigen Frau in schönster Weise darstellt, was der Geist
Gottes in einer schwachen Jungfrau zu wirken vermag, so wird diese kleine Lebensgeschichte überhaupt Alle ansprechen, welche ein christliches Gemüth haben, sie mögen
sonst einem Stande angehören, welchem sie wollen."

130  **Gfrörer, A. Fr.,** Geschichte der ost- und westfränkischen Karolinger
vom Tode Ludwigs des Frommen bis zum Ende Conrads I. (840
bis 918.) 2 Bde. gr. 8⁰. (64 B.) Thlr. 3. 15 sgr. — fl. 6. — fr. 13. 50.

131  **Greith, C. J.,** die deutsche Mystik im Predigerorden (von 1250
bis 1350) nach ihren Grundlehren, Liedern und Lebensbildern
aus handschriftlichen Quellen. 8⁰. (29 B.) Thlr. 2. — fl. 3.
30 kr. — fr. 7. 90.

*Hefele* sagt in der Tübinger Theol. Quartalschrift: „Das vorliegende Werk hat eine
Reihe von Seiten, wodurch es sich den verschiedensten Klassen von Lesern empfiehlt.
Nicht der Theologe allein, auch der Culturhistoriker überhaupt, besonders der Freund
und Kenner altdeutscher Poesie wird darin reiche Ausbeute für sein *Wissen* finden, wäh-
rend anderseits auch das *Gemüth* vieler Leser durch den vortrefflichen ascetischen
Inhalt auf's Wärmste muss angesprochen werden. Wer die Geschichte der deutschen
Mystik im 13. und 14. Jahrhundert in einer grossen Anzahl ihrer edelsten Vertreter

kennen lernen will, wer den Weg beschrieben wünscht, auf welchem sich die mystischen Meister selber entwickelten und vom *übenden* Leben zum *Schauen* des Göttlichen emporstiegen, wem es dann darum zu thun ist, eine klare Einsicht in die *Grundlehren der deutschen Mystik* zu gewinnen, — er findet hier seine Befriedigung. Aber neben alle dem bietet uns das Buch auch eine Auswahl der schönsten, innigsten und frömmsten *Minnelieder*, welche von Angehörigen des Predigerordens in Deutschland im 13. und 14. Jahrhundert gedichtet wurden. Dazu kommt noch eine Reihe von *Lebensbildern*, in denen uns der Verfasser mit zarter und gewandter Zeichnung das Leben und Streben, das Ringen und Kämpfen, die Läuterung und Heiligung einer Anzahl der edelsten Seelen vor Augen gestellt hat."

132 **Greith, C. J.**, (Bischof von St. Gallen), Geschichte der altirischen Kirche und ihrer Verbindung mit Rom, Gallien und Alemannien (von 430—630), als Einleitung in die Geschichte des Stifts St. Gallen. Nach handschriftlichen und gedruckten Quellenschriften. gr. 8⁰. (29 B.) Thlr. 1. 20 sgr. — fl. 2. 54 kr. — fr. 6. 50.

„Dieses Werk täuscht die Erwartungen nicht, welche des Verfassers bekannte Gelehrsamkeit und historische Durchbildung mit Recht hervorrufen. Der Verfasser ist ebenso wohl Kritiker und Polemiker als Historiker; aber er ist besorgt, seinen Gegenstand weiter zu führen, anstatt nur darüber zu disputiren. Das Buch enthält ebenso viel Stoff als Worte." (The London Chronicle.)

133 ———— und **Ulber, P. G.**, Handbuch der Philosophie für die Schule und das Leben. I. Band: Die analytische Philosophie. 1—3. Abth. 8⁰. (39¹/₈ B.) Thlr. 1. 24 sgr. — fl. 2. 57 kr. — fr. 6. 65.

134   1. Abth.: Propädeutik oder Einleitung in die Philosophie. (10 B.) 14 sgr. — 45 kr. — fr. 1. 70.
135   2. Abth.: Anthropologie oder Lehre vom Wesen des Menschen. (18¹/₃ B.) 24 sgr. — fl. 1. 18 kr. — fr. 2. 95.
136   3. Abth.: Logik oder Denklehre. (11 B.) 16 sgr. — 54 kr. — fr. 2.

Jede Abtheilung bildet ein selbständiges Ganzes und wird einzeln abgegeben.

Die 4. Abth. soll mit der „Dialektik" den I. Band abschliessen und der II. Band, ebenfalls in 4 Abtheilungen, die synthetische Philosophie enthalten.

137 **Grossmann, J. H.**, Kanzelvorträge über das hl. Sacrament der Busse und des Altars, während der Fastenzeit gehalten. Mit erzbischöflicher Approbation. 8⁰. (12 B.) 12 sgr. — 36 kr. — fr. 1. 35.

138 **Hägele, J. M.**, Andreas Hofers letzter Gefährte. Zweite, theilweise umgearbeitete Auflage zur Feier des 100. Geburtstages des Nationalhelden. 12⁰. (7¹/₆ B.) 7¹/₂ sgr. — 24 kr. — 90 cts.

139 **Hagemann**, Dr. **H.**, die römische Kirche und ihr Einfluss auf Disciplin und Dogma in den ersten drei Jahrhunderten. Nach den Quellen auf's Neue untersucht. gr. 8⁰. (45 B.) Thlr. 2. 10 sgr. — fl 4. — fr. 9.

140 **Hagen, J. A.**, sprachliche Erörterungen zur Vulgata. 8⁰. (7¹/₈ B.) 16 sgr. — 54 kr. — fr. 2.

„Diese Schrift verräth ein fleissiges Studium des lateinischen wie griechischen Bibeltextes nebst grosser Belesenheit auf dem Gebiete der profanen wie patristisch-lateinischen Literatur und liefert zum richtigen Verständniss vieler einzelnen Stellen in der That sehr schätzbare Beiträge. Sie darf daher zunächst den Exegeten von Fach, dann aber auch den Geistlichen überhaupt angelegentlich empfohlen werden, Letzteren um so mehr, als der Verfasser vorzugsweise die im Brevier und Missale am häufigsten vorkommenden biblischen Abschnitte berücksichtigt hat." (Liter. Handweiser.)

141 **Handbüchlein** der Erzbruderschaft sanctissimi corporis Christi oder der ewigen Anbetung des hochheiligen Fronleichnams unseres Herrn Jesu Christi. Aus Auftrag und mit Genehmigung des hoch-

zusammengestellt für den Gebrauch in allen Kirchen des Erzbisthums Freiburg. Neunte Auflage. 16°. (8½ B.) 3 sgr. — 9 kr. — 35 cts. Partiepreis 2½ sgr. — 8 kr. — 30 cts.; geb. 4 sgr. — 12 kr. — 45 cts.

**Melodien hiezu, s. Melodien.**

142 **Handbüchlein** der Erzbruderschaft vom hochheiligsten und unbefleckten Herzen Mariä zur Bekehrung der Sünder. Mit erzbischöflicher Approbation. Siebente Auflage. 16°. (13 B.) 3½ sgr. — 10 kr. — 40 cts. Partiepreis 3 sgr. — 9 kr. — 35 cts.

143 **Hausen**, P. W., S. J., von der Uebung der Tugenden. Ein Unterrichtsbuch für katholische Familien, Prediger und Lehrer. Neu herausgegeben von *Franz Anton Häckler*. Mit Approbation des hochw. Erzbischofs von Freiburg. 12°. (11 B.) 13 sgr. — 42 kr. — fr. 1. 60.

144 ——— von den Wohlthaten Gottes und dem Danke des Christen. 12°. (14½ B.) 16 sgr. — 54 kr. — fr. 2.

145 ——— von den Standespflichten des Christen. 12°. (9¾ B.) 11 sgr. — 36 kr. — fr. 1. 35.

146 **Hausherr**, P. M., S. J., Canisiusbüchlein, enthaltend das Seligsprechungsbreve, das Leben und die Verehrung des Seligen Petrus Canisius, ersten deutschen Jesuiten. 12°. (6 B.) 4 sgr. — 14 kr. — 50 cts.

147 ——— Compendium ceremoniarum sacerdoti et ministris sacris observandarum in sacro ministerio. 12°. (7⅔ B.) 12 sgr. — 42 kr. — fr. 1. 60.

Dieses Werkchen besteht aus 6 Abtheilungen, die einzeln zum Preise von 2 sgr. — 7 kr. — 25 cts. abgegeben werden.
    I. Prospectus Ceremoniarum in omni Missa privata ordinaria.
    II. Observanda in certis quibusdam Missis.
    III. Observanda circa nonnullas Missae partes.
    IV. Prospectus Ceremoniarum in Missa solemni.
    V. Devotiones seu officia quaedam pomeridiana solemnia.
    VI. Officium divinum seu brevis instructio recitandi breviarium.

Ein Appendix, enthaltend nonnulla Societati Jesu propria, wird gratis geliefert.

„In dieser liturgischen Schrift behandelt der durch zahlreiche Schriften rühmlichst bekannte P. Hausherr die Ceremonien beim heiligen Messopfer und bei Aussetzung des allerheil. Sacraments, den Ton bei feierlichen heiligen Messen und schliesslich das Brevier in allen seinen Theilen. Wem immer daran liegt, recht vollständig in den Geist des heiligen Messopfers und der kirchlichen Tagzeiten eingeführt zu werden, wird in diesem Büchlein ein recht brauchbares Hülfsmittel finden."
(Augsburger Postzeitung.)

148 **Hauspostille**, katholische, auf die sonntäglichen Episteln und Evangelien des Kirchenjahrs, darlegend die katholischen Glaubens- und Sittenlehren aus der hl. Schrift und den Kirchenvätern. Von einem Priester und Gottesgelehrten der katholischen Kirche. Neu bearbeitet von Domcapitular Dr. *Joh. Martin Düx*. gr. 8°. (47⅝ B.) Thlr. 1. 8 sgr. — fl. 2. 6 kr. — fr. 4. 75.

149 **Heberling, Th. J.**, der süddeutsche Schulfreund. Ein Lesebuch für katholische Schulen. 23. Auflage. 12°. (13⅓ B.) Roh 6 sgr. — 20 kr. — 75 cts.; geb. 7½ sgr. — 24 kr. — 90 cts.

I.—VI. Band. gr. 8°. (332½ B.) Thlr. 17. 4 sgr. — fl. 29. 36 kr. — fr. 66. 60.

151     Bd. I. beginnt nach der Einleitung mit den vornicänischen Synoden und reicht bis zu den Synoden von Laodicea und Gangra. (52¾ B.) Thlr. 2. 18 sgr. — fl. 4. 30 kr. — fr. 10. 15.

152     Bd. II. beginnt mit der zweiten allgemeinen Synode und schliesst mit der fünften allgemeinen Synode. (50½ B.) Thlr. 2. 28 sgr. — fl. 5. 6 kr. — fr. 11. 50.

153     Bd. III. enthält die Synoden von dem fünften allgemeinen Concil bis zum Tode Karls des Grossen 814. (46¼ B.) Thr. 2. 10 sgr. — fl. 4. — fr. 9.

154     Bd. IV. beginnt mit der Synode zu Konstantinopel im J. 814 und führt bis zum Tode Alexanders II. 1073. (55½ B.) Thlr. 2. 22 sgr. — fl. 4. 45 kr. — fr. 10. 70.

155     Bd. V. beginnt mit den Synoden unter Gregor VII. und schliesst mit der Utrechter Synode im Jahre 1249. (68½ B.) Thlr. 3. 16 sgr. — fl. 6. — fr. 13. 50.

156     Bd. VI. beginnt mit den Zeiten des Interregnums 1250 und schliesst mit dem Pisaner Concil 1409. (59½ B.) Thlr. 3. — fl. 5. 15. — fr. 11. 80.

157 **Hepting, F.,** u. **Fath, G.,** Lesebuch für die Oberklassen der kathol. Volksschulen im Grossherzogthum Baden. Erste Abtheilung. Welt- und Erdkunde im Allgemeinen; Naturlehre; Naturgeschichte. 12°. (6 B.) 4 sgr. — 12 kr. — 45 cts.; Partiepreis bei 25 Exemplaren: 3 sgr. — 9 kr. — 35 cts.; geb. 4 sgr. — 12 kr. — 45 cts.

158 **Herders** Conversations-Lexikon. Kurze aber deutliche Erklärung von allem Wissenswerthen aus dem Gebiete der Religion, Philosophie, Geschichte, Geographie, Sprache, Literatur, Kunst, Natur- und Gewerbekunde, Handel, der Fremdwörter und ihrer Aussprache etc. etc. Fünf Bände oder fünfzig Lieferungen. Zweite Ausgabe. gr. 8°. (250 B.) Thlr. 8. 10 sgr. — fl. 15. — fr. 33. 75; elegant geb. Thlr. 9. 25 sgr. — fl. 17. 30 kr. — fr. 39. 40. Jeder Band broschirt Thlr. 1. 20 sgr. — fl. 3. — fr. 6. 75; jede Lieferung 5 sgr. — 18 kr. — 70 cts.

159 **Hergenröther,** Dr. J., der Kirchenstaat seit der französischen Revolution. Historisch-statistische Studien und Skizzen. 8°. (23½ B.) Thlr. 1. 6 sgr. — fl. 1. 54 kr. — fr. 4. 25.

160 **Herlet,** J. G., practisches Handbuch für Prediger und Katecheten, enthaltend ausführliche und geordnete Predigtmaterialien über alle wichtigen Wahrheiten der christkatholischen Glaubens-, Sitten- und Tugendmittellehre auf alle Sonn- und Festtage des Kirchenjahres (mit Ausnahme der Marienfeste). Aus dem Lateinischen übersetzt von *Fr. C. Lanz.* 2 Bde. gr. 8°. (38 B.) Thlr. 1. 17½ sgr. — fl. 2. 32 kr. — fr. 5. 70.

161 **Hermann,** C., Jude und Christ. Ein Gemälde aus unserer Zeit. 12°. (17¾ B.) 22½ sgr. — fl. 1. 18 kr. — fr. 2. 95.

„Die Lectüre des Buches ist spannend, die Begebenheiten schreiten rasch voran, der ganze Kern ist tüchtig und gut. Die Moral spricht aus den Begebenheiten und ist keineswegs langweilige Zuthat des Verfassers. Das Buch verdient Lesezirkeln empfohlen zu werden, und möchten namentlich Pfarrer auf dem Lande wohl thun, dasselbe für die Dorfbibliotheken anzuschaffen."         (Schulfreund.)

162 **Hertling,** Dr. G. de, de Aristotelis notione Unius commentatio. 8°. (5¼ B.) 10 sgr. — 36 kr. — fr. 1. 35.

163 **Hettinger,** Dr. Fr., Apologie des Christenthums. Zwei Bde. kl. 8°.

164      I. Band in 2 Abtheilungen: Der Beweis des Christenthums. Dritte, auf's Neue durchgesehene Auflage. (58½ B.) Thlr. 2. 10 sgr. — fl. 4. — fr. 9.

165      II. Band in 2 Abtheilungen: Die Dogmen des Christenthums. (91½ B.) Thlr. 3. 20 sgr. — fl. 6. 30 kr. — fr. 14. 65.

    Ueber die Vortrefflichkeit dieses in der apologetischen Literatur hervorragenden Werkes hat sich die Kritik mit seltener Uebereinstimmung ausgesprochen. Mögen einige Stellen hier angeführt werden:
    „Die Tiefe und Reichhaltigkeit des Inhalts, die allseitige Gründlichkeit der Forschung, die sorgfältige Durchbildung der Begriffe und die eminent klassische Form der Darstellung, wie sie bei Werken dieser Art doppelt schwierig ist, machen diese Apologie in Wahrheit zu einem Werke, auf das die Katholiken stolz sein dürfen."
    (Kath. Literaturblätter.)

    „Hettingers Werk gibt volle Ueberzeugung und innere Befriedigung, und wir können es desshalb allen Lesern dieser Blätter, welcher Confession und welchem Stande sie angehören mögen, nicht warm genug empfehlen." (Hist.-polit. Blätter.)

166    **Hiemer, K.**, Zeit- und Lebensbilder. Erzählungen für das deutsche Volk. 2 Bde. 12⁰. (26¾ B.) Thlr. 1. 10½ sgr. — fl. 2. 6 kr. — fr. 4. 75.

    *Inhalt:* Vorwort und Einleitung: Die Belletristik und ihre Aufgabe, besonders in unsern Tagen. I. Der Apostat. II. Karl der Grosse und seine erste Liebe. III. Paul Warnefrid, der bescheidene Diakon. IV. Der Napoleonide und sein Sohn. V. Der Middleman und der Kapitän. VI. Die Verlobten. VII. Graf Adolph. VIII. Der Dichterbund, oder die Landshuter Schule. IX. Die Wohlthätigkeitsanstalten. X. Die Industrie auf dem Härtefelde. XI. Der Waisenknabe. XII. Rettung und Untergang. XIII. Der Spieler. XIV. Der Schwindler. XV. Der Frömmler. XVI. Das Tischrücken. XVII. Die Trinker. XVIII. Die Umkehr.
    *Jede dieser Erzählungen wird einzeln abgegeben.* Preis: à 3 sgr. — 9 kr. — 35 cts.

167    **Hillegeer, J.**, die Tugend der Eltern. Nach der dritten Auflage in's Deutsche übersetzt von *Th. Bonsmann.* Mit Approbation des hochw. Herrn Erzbischofs zu Freiburg und des hochw. bischöfl. Generalvicariats zu Paderborn. 12⁰. (4½ B.) 5 sgr. — 15 kr. — 55 cts.

    Es enthält diess kleine Büchlein im eigentlichen Sinne kurz und gut Alles, was gut christkatholische Eltern in Bezug auf Kinderzucht wissen und beobachten sollen, um in der Zeit und Ewigkeit an ihren Kindern Freude zu erleben."
    (Theol.-pract. Quartalschrift.)

168    ———— die Tugend für alle Stände. Mit Beispielen, Reimversen und Denksprüchen. Nach der 6. Auflage ins Deutsche übersetzt von *Th. Bonsmann.* Mit einem Vorwort von Dr. Essen. Nebst einem kathol. Gebetbuch als Anhang. Mit Genehmigung des hochw. bischöfl. Generalvicariats zu Paderborn. 12⁰. (20¾ B.) 20 sgr. — fl. 1. — fr. 2. 25.

    „Das Werkchen: „*Die Tugend für alle Stände*" ist in Wahrheit ein goldenes Büchlein, denn es wird darin der hochwichtigste Gegenstand nicht nur in wünschenswerther Vollständigkeit und bündiger Kürze, sondern auch in leicht verständlicher, eindringlicher und salbungsvoller Sprache behandelt, und dasselbe verdient daher aufs Wärmste empfohlen zu werden." (Theol.-pract. Quartalschrift.)

169    **Hirscher, Dr. J. B.**, Besorgnisse hinsichtlich der Zweckmässigkeit unsers Religionsunterrichtes, der gesammten Geistlichkeit mitgetheilt. 8⁰. (7⅜ B.) 9 sgr. — 30 kr. — fr. 1. 15.

170    ———— Betrachtungen über sämmtliche sonntägliche Episteln des Kirchenjahres. Mit erzbischöfl. Approbation. 2 Bde. 8⁰. (63¾ B.)

171 **Hirscher**, Dr. J. B., Erörterungen über die grossen religiösen Fragen der Gegenwart. Den höhern und mittlern Ständen gewidmet. Neue Ausgabe in einem Band. 8⁰. (27½ B.) 28 sgr. — fl. 1. 36 kr. — fr. 3. 60.

Die vorliegende neue Ausgabe in einem Bande umfasst das erste und dritte Heft der ersten Ausgabe.

172 Das dritte Heft ist auch separat zu haben (13 sgr. — 40 kr. — fr. 1. 50). Inhalt desselben:
I. Warum irreligiöse und kirchenfeindliche Lehren so grosse Verbreitung finden? Und wodurch man sich vor ihrer Ansteckung sichern möge? II. Ueber den Satz: „Jeder, wess Glaubens er sei, wenn er rechtschaffen lebt, ist Gott wohlgefällig." III. bis VI. Christus beruft sich zur Beglaubigung der Göttlichkeit seiner Sendung auf die Thatsache: „den Armen wird das Evangelium gepredigt." Matth. 11, 5. Luc. 7, 22. VII. Nachtrag, die Gottheit Jesu Christi betreffend. VIII. Ueber den Grundsatz vom zeitgemässen Fortschritt, insbesondere in seiner Anwendung auf die katholische Kirche. IX. Transsubstantiation (Wandlung), Anbetung Christi im h. Altarssacrament. X. Das h. Messopfer. XI. Der Hofstaat Gottes. Die Anrufung und Fürbitte der Heiligen. XII. Fürbitte für die Abgestorbenen. XIII. Lehre und Institutionen der kath. Kirche in ihrer Beziehung zum sittlichen Leben. Die Unsterblichkeitslehre in ihrem Verhältnisse zur Natur und irdischen Stellung des Menschen.

173 ——— das Leben der seligsten Jungfrau und Gottesmutter Maria. Zu Lehr und Erbauung für Frauen und Jungfrauen. Mit Erzbischöflicher Approbation. Fünfte Auflage. 12⁰. (16 B.) 22 sgr. — fl. 1. 12 kr. — fr. 2. 70; geb. in Leinwand mit Marmorschnitt: Thlr. 1. — fl. 1. 36 kr. — fr. 3. 60. Rück- und Eckleder mit Goldschnitt: Thlr. 1. 4 sgr. — fl. 1. 54 kr. — fr. 4. 25.

„Das „Leben Mariä" gehört unter die lieblichsten Gaben, mit denen der greise Domdecan *v. Hirscher* das katholische Deutschland beschenkt hat. Desshalb hat es auch in kurzer Zeit die fünfte Auflage erlebt. Wenn auch zunächst für Frauen und Jungfrauen und zwar aus den sogenannten besseren Ständen bestimmt, hat es doch eine weit grössere Verbreitung gefunden und verdient. Auf das Wort Gottes und bewährte alte Legenden fussend, behandelt der hochw. Herr Verfasser das Leben der seligsten Jungfrau in vierundzwanzig Abschnitten und weiss, ohne das dogmatische Element zu vernachlässigen, an die einzelnen Lebensmomente der Gottesmutter eine Fülle ächt praktischer Regeln zu knüpfen." (Linzer theol. Monatsschrift.)

174 ——— Selbsttäuschungen, aufgezeichnet und zur Beförderung der Selbsterkenntniss an's Licht gestellt. 8⁰. (5¾ B.) 7½ sgr. — 24 kr. — 90 cts.

„Es ist das kleine Buch, wir betonen es, *wirklich für's Leben geschrieben* und dasselbe, vielleicht das einzig nichtsystematische, welches Hirscher je veröffentlichte, kann durch die aphoristische, auch dem einfachsten Menschen fassbare Form — ja wird mehr wirken als die vortrefflichste Theorie, wie man zur Selbsterkenntniss gelange!" (Allgem. Literatur-Zeitung.)

175 **Histoire sainte** en tableaux. Quarante planches des plus mémorables événements de l'ancien et du nouveau testament. Largeur: 40 sur 45 centimètres. In Mappe, colorirt Thlr. 4. 28 sgr. — fl. 8. 24 kr. — fr. 18. 90. Jedes Bild einzeln colorirt: 3½ sgr. — 12 kr. — 45 cts.

Das Verzeichniss der Bilder, sowie die Approbation des hochw. Bischofs von Strassburg etc. s. *Bilder-Bibel*.

176 **Höfler**, Dr. K. A. K., Ruprecht von der Pfalz, genannt Clem, römischer König. 1400—1410. gr. 8⁰. (30⅞ B.) Thlr. 2. 15 sgr. — fl. 4. 20 kr. — fr. 9. 75.

historische Einzelnheiten. Alle diese Vorzüge zeigen sich auch bei dem vorliegenden Werke, welches wir nicht nur als eine Vermehrung, sondern auch als eine Bereicherung der historischen Literatur anerkennen. (Histor.-polit. Blätter.)

177 **Hofmann, J.**, das Kopfrechnen. Im Verein mit mehreren Schulmännern methodisch bearbeitet. 12⁰. (7½ B.) 5 sgr. — 16 kr. — 60 cts.

178 ———— Sprachbuch für deutsche Volksschulen sowie für die untern Klassen der Gymnasien und Realanstalten. Oder: Anweisung zur Entwickelung und Bildung der deutschen Sprache in Wort und Schrift. 7 Abtheilungen. kl. 8⁰. (18 B.) Ausgabe I. auf feines Papier mit den „Sprachmusterstücken" 18 sgr. — fl. 1. — fr. 2. 25. Ausgabe II. auf gewöhnliches Papier für die Schüler, ohne die Sprachmusterstücke 8½ sgr. — 28 kr. — fr. 1.

    1. Abtheilung 1½ sgr. — 5 kr. — 20 cts. 2. Abth. 1¼ sgr. — 4 kr. — 15 cts. 3. Abth. 1½ sgr. — 5 kr. — 20 cts. 4. Abth. 1¼ sgr. — 4 kr. — 15 cts. 5. Abth. 1½ sgr. — 5 kr. — 20 cts. 6. u. 7. Abth. untrennbar 1½ sgr. — 5 kr. — 20 cts.

    Ein Auszug hiervon erschien u. d. T.:

179 ———— Sprachmusterstücke nebst den nöthigsten grammatikalischen Erklärungen aus dem „Sprachbuch für deutsche Volksschulen" etc. 12⁰. (5 B.) 3 sgr. — 9 kr. — 35 cts.

180 **Hoos, F. J.**, des Kindes Leselust. Eine Bilderfibel für Elementarschulen. 16⁰. (4 B.) 2½ sgr. — 8 kr. — 30 cts.

181 **Huber, J. N.**, Gesangunterricht für Elementarschulen zur Beförderung der religiösen Jugendbildung. 8⁰. (7 B.) 16 sgr. — 54 kr. — fr. 2.

182 **Hurter, Dr. F.**, Rom. Eine Skizze. (Aus dem „Kirchenlexicon" besonders abgedruckt.) 12⁰. (6½ B.) 9 sgr. — 30 kr. — fr. 1. 15.

183 **Hymnen**, lateinische, des Mittelalters, aus Handschriften. Herausgegeben und erklärt von *F. J. Mone*. 3 Bde. gr. 8⁰. (97¼ B.) Thlr. 5. 24 sgr. — fl. 9. 36 kr. — fr. 21. 60.

184     Bd. I. Lieder an Gott und die Heiligen. (30 B.) Thlr. 1. 24 sgr. — fl. 3. — fr. 6. 75.

185     Bd. II. Marienlieder (30¾ B.) Thlr. 1. 24 sgr. — fl. 3. — fr. 6. 75.

186     Bd. III. Heiligenlieder. (36½ B.) Thlr. 2. 6 sgr. — fl. 3. 36 kr. — fr. 8. 10.

„Ref. begnügt sich, seine Ansicht dahin auszusprechen: 1. Die vorliegende Sammlung ist ein eigentlicher *Hymnenschatz*, in welchem der bisher grösste Reichthum der vorhandenen Hymnen gesammelt und zusammengetragen ist. — 2. Das zusammengetragene Material ist überall aus den Urquellen geschöpft, welche nur sehr Wenigen, und in dem Umfange, wie dem Herausgeber, kaum noch irgend Einem zugänglich sein möchten. Die Urquellen wurden aber allweg mit grösster Gewissenhaftigkeit und für alles Gegebene erschöpfend benützt: daher ist die Sammlung für zukünftige hymnologische Studien oder partielle Bearbeitungen im

Dasselbe Werk mit lateinischem Vorwort u. d. T.:

187 **Hymni** latini medii aevi. E codd. mss. edidit et annotationibus illustravit *Franc. Jos. Mone.* 3 voll. Preis wie oben.

188 **Jäck, M. F.**, die religiöse Feier für die Verstorbenen nach dem Ritus der katholischen Kirche oder Officium defunctorum, lateinisch und deutsch. 8°. (5½ B.) 7½ sgr. — 24 kr. — 90 cts.

189 ——— Psalmen und Gesänge der hl. Schrift nebst den Hymnen der ältesten christlichen Kirche. Metrisch-paraphrasirend übersetzt. 8°. 2 Bde. (26 B.) Thlr. 1. — fl. 1. 48 kr. — fr. 4. 5.

190 **Jacoutot, A.**, das Leiden unsers Herrn Jesu Christi nach den Evangelien erklärt und betrachtet. Aus dem Französischen. Nebst einem Anhange der nothwendigsten Gebete für die heilige Charwoche. 8°. (16 B.) 18 sgr. — fl. 1. — fr. 2. 25.

191 **Janssen, Dr. J.**, Schiller als Historiker. gr. 8°. (11⅜ B.) 18 sgr. — fl. 1. — fr. 2. 25.

„Im wissenschaftlichen und nationalen Interesse ist zu wünschen, dass dieses gediegene Werk die allgemeinste Verbreitung finden möge, und die Vertreter der Wissenschaft und Literatur sich lebhaft dafür beschäftigen." (Allgem. Literaturzeitung.)

192 ——— zur Genesis der ersten Theilung Polens. 8°. (12 B.) 22 sgr. — fl. 1. 12. — fr. 2. 70.

Diese durchaus objective Schrift bespricht zunächst die verschiedenen Theilungsprojekte aus dem 17. und der ersten Hälfte des 18. Jahrhunderts, und entwickelt dann die Genesis der ersten Theilung auf Grund der geheimen Instructionen und Briefe der Czarin Katharina, des Briefwechsels Friedrichs II. mit seinem Bruder Heinrich und seinem Gesandten in Petersburg und der bisher für die Darstellung des Gegenstandes noch nicht benutzten, zahlreichen und eingehenden Berichte der päpstlichen Nuntien in Warschau. Letztere bilden auch die Hauptquellen für die Schilderung der innern Zustände Polens.

193 **Jesuiten, die**, vor dem Assisenhof von Brabant (13. bis 16. Mai 1864) oder der Process de Buck in Brüssel. Zweite Ausgabe. gr. 8°. (7 B.) 7 sgr. — 21 kr. — 80 cts.

Erschien auch unter dem Titel: „Der Process de Buck in Brüssel."

194 **Jörg, Dr. J. E.**, Geschichte der social-politischen Parteien in Deutschland. 8°. (15 B.) 28 sgr. — fl. 1. 36 kr. — fr. 3. 60.

*Inhalt:* Vorwort. Der Ausgangspunkt. Das Wesen des liberalen Oeconomismus. Die Arbeiternoth und die Vertröstung. Die Theorie und Praxis der Strikes und des Coalitionsrechts. Die herrschende Bourgeoisie und ihr Verhältniss zu den Arbeitern: die Unternehmung des Herrn Schulze-Delitzsch. Die Parteien in ihrem Verhältniss zur christlichen Moral und Offenbarung. Das Auftreten Lasalle's und die Trennung des „vierten Standes" von der Politik der Bourgeoisie. Der wissenschaftliche Entscheidungsgrund in der Lehre von Capital und Eigenthum. Der Streit wegen des allgemeinen und directen Wahlrechts. Der Gegensatz der leitenden Staatsbegriffe oder Ideen vom Staat. Die drei social-politischen Parteien, insbesondere die conservativ-organisatorische, im Vergleich zu einander. Der allgemeine deutsche Arbeiterverein und sein Schicksal.

195 **Jugendbibliothek**, illustrirte, enthaltend das Wichtigste aus Geschichte, Weltkunde, Naturgeschichte, Naturlehre und Erdkunde. Mit 237 Illustrationen. (Aus dem Lesebuch von *Dr. Bumüller* und *Dr. Schuster.*) 8°. (36 B.) Feine Ausgabe, geb. in Halbleinwand: 25 sgr. — fl. 1. 15 kr. — fr. 2. 80; gewöhnliche Ausgabe, broschirt: 18 sgr. — 54 kr. — fr. 2.

Jede der fünf Abtheilungen, aus welchen die „Jugendbibliothek" besteht, ist auch einzeln zu haben und zwar kostet die Weltgeschichte, Naturgeschichte und die Erdkunde in feiner Ausgabe je 9 sgr. — 27 kr. — fr. 1; geb. 10 sgr. — 30 kr. — fr. 1. 15; in der Schul-Ausgabe 6 sgr. — 18 kr. — 70 cts.; geb. 7 sgr. — 21 kr. — 80 cts., (die Weltgeschichte nur 4 sgr. — 12 kr. — 45 cts., geb. 5 sgr. — 15 kr. — 55 cts.); die Weltkunde und Naturlehre dagegen in feiner Ausgabe je 5 sgr. — 15 kr. — 55 cts.; geb. 7 sgr. — 21 kr. — 80 cts.; in der Schul-Ausgabe je 3 sgr. — 9 kr. — 35 cts.; geb. 4 sgr. — 12 kr. — 45 cts.

„Indem wir die „Jugendbibliothek", sowohl im Ganzen als auch in jeder Abtheilung, bestens empfehlen, können wir nicht umhin, ganz speciell hervorzuheben, dass sie das geeignetste Buch zu Weihnachts- oder Prüfungsgeschenken ist. Aber auch als Schulbuch eignet sie sich recht gut zu einem Leitfaden im Unterrichte über die betreffenden Gegenstände. Obwohl die Sprache zumeist erzählend ist, so hält sie sich doch an die Sache in dem Grade, dass eine Wiedergabe durch einen Schüler entweder bei gar keinen, oder nur geringen Aenderungen möglich ist. Dadurch eignet sie sich ganz für den Unterricht in der Sonntagsschule, sowie auch für die späteren Kurse der höheren Töchterschulen. — Der Druck ist sehr deutlich und gefällig. Alle Abtheilungen sind mit schönen, wohlgetroffenen Abbildungen versehen, die das Buch noch empfehlenswerther machen."     (Allgem. Literatur-Zeitung.)

196  **Jung, K.**, Anleitung zur Ertheilung des Schreib-Lese-Unterrichts nach Ph. M. Nabholz bearbeitet. 8°. (8 B. u. 3 Tab.) 12 sgr. — 42 kr. — fr. 1. 60.

197  **Kalender** für Zeit und Ewigkeit. Ein Zuspruch unter zwei Augen; dem Christenvolk zur Erbauung, dem aufgeklärten Pöbel zum Aergerniss. Erster Jahrgang 1843. Mixtur gegen Todesangst. Von *Alban Stolz*. 15. Auflage. Mit Bildern. 8°. (8¼ B.) 4 sgr. — 12 kr. — 45 cts.; feine Ausgabe: 5 sgr. — 15 kr. — 55 cts.

198  —— Zweiter Jahrgang. 1844. Das Menschengewächs. Von *Alban Stolz*. 12. Auflage. Mit Bildern. 8°. (8¼ B.) 4 sgr. — 12 kr. — 45 cts.; feine Ausgabe: 5 sgr. — 15 kr. — 55 cts.

199  —— Dritter Jahrgang. 1845. Das Vaterunser. Erster Theil. Von *Alban Stolz*. 13. Auflage. Mit Bildern. 8°. (8⅛ B.) 4 sgr. — 12 kr. — 45 cts.; feine Ausgabe: 5 sgr. — 15 kr. — 55 cts.

200 **Kalender** für Zeit und Ewigkeit. Vierter Jahrgang. 1846. Das Vaterunser. Zweiter Theil. Von *Alban Stolz*. 9. Auflage. Mit Bildern. 8°. (7¹/₈ B.) 4 sgr. — 12 kr. — 45 cts.; feine Ausgabe: 5 sgr. — 15 kr. — 55 cts.

201 ―――― Fünfter Jahrgang. 1847. Das Vaterunser. Dritter Theil. Früher auch u. d. T.: Essig und Oel. Von *Alban Stolz*. 4°. (5 B.) 3 sgr. — 10 kr. — 40 cts.

202 ―――― dasselbe. 13. Auflage. Mit Bildern. 8°. (7¹/₄ B.) 4 sgr. — 12 kr. — 45 cts.; feine Ausgabe: 5 sgr. — 15 kr. — 55 cts.

203 ―――― Sechster Jahrgang. 1848. Mit Beiträgen von J. B. von Hirscher, Alban Stolz u. A. Herausgegeben von *Albert Werfer*. Dritte Auflage. 4°. (6 B.) 3 sgr. — 10 kr. — 40 cts.

204 ―――― Siebenter Jahrgang. 1849. Das katholische Kirchenjahr. Von *M. Zugschwerdt*. 4°. (5 B.) 3 sgr. — 10 kr. — 40 cts.

205 ―――― Achter Jahrgang. 1850. Die Heiligenverehrung. Von *M. Zugschwerdt*. 4°. (5 B.) 3 sgr. — 10 kr. — 40 cts.

206 ―――― Neunter Jahrgang. 1851. Das cholerische und sanguinische Temperament. Von *M. Zugschwerdt*. Mit Holzschnitten. 4°. (5 B.) 3 sgr. — 10 kr. — 40 cts.

207 ―――― Zehnter Jahrgang. 1852. Das melancholische oder schwerblütige und das phlegmatische oder kaltblütige Temperament. Von *M. Zugschwerdt*. Mit Holzschnitten. 4°. (5 B.) 3 sgr. — 10 kr. — 40 cts.

208 ―――― Elfter Jahrgang. 1853. Von *M. Zugschwerdt*. Mit Holzschnitten. 4°. (6 B.) 3 sgr. — 10 kr. — 40 cts.

209 ―――― Zwölfter Jahrgang. 1854. Von *M. Zugschwerdt*. Mit Holzschnitten. 4°. (6 B.) 3 sgr. — 10 kr. — 40 cts.

210 ―――― Dreizehnter Jahrgang. 1855. Der Katholik im Staate. Mit Holzschnitten. 4°. (5 B.) 3 sgr. — 10 kr. — 40 cts.

211 ―――― Vierzehnter Jahrgang. 1856. Vom Glauben im Allgemeinen und vom Christenglauben insbesondere. Mit Holzschnitten. 4°. (5 B.) 3 sgr. — 10 kr. — 40 cts.

212 ―――― Fünfzehnter Jahrgang. 1857. Mit Holzschnitten. 4°. (5 B.) 3 sgr. — 10 kr. — 40 cts.

213 ―――― Sechzehnter Jahrgang. 1858. Der unendliche Gruss. Von *Alban Stolz*. 4°. (6 B.) 3 sgr. — 10 kr. — 40 cts.

214 ―――― dasselbe. Zweite Auflage. Mit Holzschnitten. Mit grosser Schrift. 8°. (10³/₄ B.) 6 sgr. — 18 kr. — 70 cts.

215 ―――― dasselbe. Vierte Auflage. Mit Holzschnitten. 8°. (7¹/₂ B.) 4 sgr. — 12 kr. — 45 cts.; feine Ausgabe: 5 sgr. — 15 kr. — 55 cts.

216 ―――― Siebenzehnter Jahrgang. 1859. Bilderbuch Gottes. Von *Alban Stolz*. 4°. (6 B.) 3 sgr. — 10 kr. — 40 cts.

217 ―――― dasselbe. Dritte Auflage. Mit Holzschnitten. 8°. (8 B.) 1861. 4 sgr. — 12 kr. — 45 cts.; feine Ausgabe: 5 sgr. — 15 kr. — 55 cts.

218 ―――― Achtzehnter Jahrgang. 1864. A B C für grosse Leute, römisch und deutsch. Von *Alban Stolz*. 4°. (5¹/₂ B.) 3 sgr. — 10 kr. — 40 cts.

219 **Kalender** für Zeit und Ewigkeit. Achtzehnter Jahrgang. 1864. ABC für grosse Leute, römisch und deutsch. Von *Alban Stolz*. Vierte Auflage. Mit Holzschnitten. 8⁰. (8¼ B.) 4 sgr. — 12 kr. — 45 cts.; feine Ausgabe: 5 sgr. — 15 kr. — 55 cts.

Quartausgaben bestehen nur noch von den Jahrgängen 1847—1850 und 1864, Oktavausgaben nur von den Jahrgängen 1843—47, 1858—59 u. 1864. Die Jahrgänge 1847, 1858—1859 und 1864 sind in Quart und in Octav zu haben. Bezüglich der Jahrgänge 1860—1863 und 1865—1868 vg'. „*Sonntagskalender*".

220 **Kästle, L.**, die heilige Kindheit Jesu in ihren zwölf Geheimnissen. Mit erzbischöflicher Approbation. Vierte Auflage. (Mit 13 Holzschnitten.) 16⁰. (7⅛ B.) 6 sgr. — 20 kr. — 75 cts.; cart. 7 sgr. — 24 kr. — 90 cts.; elegant in Leinwand geb. 10 sgr. — 36 kr. — fr. 1. 35.

„Ein allerliebstes Büchlein; herzlicher, ansprechender Text und überaus schöne Illustrationen machen dasselbe zu einem der besten Geschenke für Kinder. Möchten Eltern, Lehrer und Geistliche demselben die verdiente Aufmerksamkeit widmen, und insbesondere die letzteren es als Prämienbüchlein recht oft benutzen." (Schulfreund.)

221 **Katechismus**, kleiner, der katholischen Religion, für das Erzbisthum Freiburg. 16⁰. (2 B.) Roh 3 kr. — 11 cts.; geb. 4 kr. — 15 cts.

222 —— mittlerer, der katholischen Religion, für das Erzbisthum Freiburg. 12⁰. (5 B.) Roh 8 kr. — 30 cts.; geb. 11 kr. — 40 cts.

Die für den Gebrauch ausserhalb der Erzdiöcese Freiburg erschienenen Ausgaben dieser Katechismen s. *Deharbe*, Katechismus; die Erklärungen dazu s. *Schmitt*.

223 —— grosser, der katholischen Religion, mit einem Abrisse der Religionsgeschichte, für das Erzbisthum Freiburg. 8⁰. (15 B.) Roh 15 kr. — 55 cts.; geb. 18 kr. — 70 cts.

224 **Kellner, Dr. L.**, Aufgaben zu Uebungen im schriftlichen Gedankenausdruck für höhere weibliche Bildungsanstalten. 8⁰. (6⅓ B.) 9 sgr. — 30 kr. — fr. 1. 15.

225 —— *Lesebuch*. Für Mittel- und Oberklassen gehobener Mädchenschulen, als **Vorstufe** des deutschen Lese- und Bildungsbuches für höhere Töchterschulen und weibliche Erziehungsanstalten herausgegeben. Dritte, unveränderte Auflage. 12⁰. (20¾ B.) 16 sgr. — 54 kr. — fr. 2.

„Das vorliegende Werk des in der Schulwelt längst rühmlich bekannten Verfassers soll eine Vorstufe zu dessen grösserm, bereits in vierter Auflage erschienenen Lesebuch bilden. Es umfasst in sechs Abtheilungen Erzählungen, Parabeln, Fabeln und Märchen; Aufsätze über Religion und religiöses Leben; Schilderungen und Bilder aus der Naturgeschichte, der Geographie und Geschichte, dann lyrische, didactische und epische Dichtungen. Die Auswahl der prosaischen sowohl als poetischen Stücke ist, wie sich das von einem Schulmanne von Kellners Tact und praktischer Erfahrung kaum anders erwarten liess, fast ausnahmslos, in Beziehung auf Inhalt und Form, gelungen und durchweg den intellectuellen Mitteln angepasst, welche in ähnlichen Schulen vorausgesetzt werden können." (Ausgab. Postzeitung.)

226 —— deutsches Lese- und Bildungsbuch für höhere katholische Schulen, insbesondere für höhere Töchterschulen und weibliche Erziehungsanstalten. Vierte, unveränderte Auflage. Mit Approbation des hochwürdigsten Herrn Erzbischofs von Freiburg. 8⁰. (42½ B.) Feine Ausgabe Thlr. 1. 6 sgr. — fl. 2. — fr. 4. 50; geb. Thlr. 1. 12½ sgr. — fl. 2. 24 kr. — fr. 5. 40. Schulausgabe Thlr. 1. — fl. 1. 45 kr. — fr. 3. 95.

„Dieses vom hochw. Herrn Erzbischof von Freiburg approbirte und warm emeinen prosaischen Theil. Ersterer enthält: I. lyrische Dichtungen (94 Nummern). II. epische Dichtungen (78 Num.), III. didaktische und dramatische Dichtungen (39 Num.): der prosaische Theil gibt: I. Erzählungen, Sagen und Märchen (34 Num.), II. Geschichte, Menschenleben und Legenden (38 Num.), III. Literatur, Kunst, Reden, Abhandlungen (20 Num.). IV. Naturleben (40 Num.). Die Einrichtung des Registers ist so getroffen, dass diese 4. Aufl. leicht neben der 2. (ohnediess neben der dritten) in den Schulen gebraucht werden kann." (Trier. Schulfreund.)

Das „Magazin für Pädagogik" sagt: „Die Auswahl dieser Lesestücke ist, wie nicht anders zu erwarten, eine sehr gute und zweckmässige, und es ist durch dieselbe thatsächlich angestrebt, was Kellner in seinen pädagogisch-didaktischen Werken immer hervorhebt, nämlich: *Verstandes- und Gemüthsbildung.* Die Einführung dieses Lesebuchs in den höhern Mädchenschulen wird und muss für echte Gemüths- und christlich-religiöse Bildung die besten Folgen haben, und es ist wohl nicht ein anderes Lesebuch in dieser Beziehung dem vorgenannten an die Seite zu setzen. Die Sprache, die stylistische Darstellung ist durchgehends eine mustergültige, und es können nach dieser Richtung hin so manche Nummern dieses Lesebuches, besonders die aus der Naturgeschichte, Geographie und Geschichte, zu *schriftlichen Aufsatzübungen* auch für andere Schulen — für die obern Abtheilungen von Knabenklassen, für Sonntagsschulen und auch für angehende Schulamtszöglinge recht wohl und mit Erfolg benützt werden. — Papier und Druck sind sehr gut."

**Kempis, Th. v.**, Nachfolge Christi, s. *Thomas.*

227 **Kerschbaumer**, Dr. **A.**, Eligius. Lebensbilder aus dem niederösterreichischen Gebirge. 8⁰. (18 B.) 25 sgr. — fl. 1. 24 kr. — fr. 3. 15.

„Der Verfasser zeigt uns das Spiegelbild des treuherzigen, frommen niederösterreichischen Volkes, seiner Sitten, seiner Gebräuche, seiner Leiden, seiner Freuden im Rahmen einer sinnigen, unterhaltenden Erzählung, die wir besonders Gesellenvereinen zur Lectüre empfehlen, denn sie zeigt, dass Religion und Arbeit der goldene Boden des Volkes sind." (Deutsches Volksblatt.)

228 **Keym, Fr.**, Geschichte des dreissigjährigen Krieges. Nach den Resultaten der neueren Forschungen dargestellt. Mit den Bildnissen Ferdinands II., Tilly's, Gustav Adolfs und Wallensteins. 2 Bde. 8⁰. (50²/₃ B.) Thlr. 1. 22½ sgr. — fl. 3. — fr. 6. 75.

229 —— Prinz Eugen von Savoyen. Nach A. Arneth bearbeitet. 12⁰. (13 B.) 16 sgr. — 54 kr. — fr.·2.

Bildet das IV. Bändchen der „Sammlung historischer Bildnisse".

„Diese soeben erschienene Schrift führt uns in frischer, lebendiger Sprache, mit warmer innerer Antheilnahme und patriotischem Gefühl die Heldengestalt des Siegers von Zenta und Höchstädt, von Turin und Malplaquet, von Peterwardein und Belgrad vor Augen, und freudig und stolz ruht unser Blick auf jeder Seite des Lebens dieses grossen Mannes, der in der Geschichte fleckenlos dasteht." (Köln. Blätter.)

230 —— Tilly im dreissigjährigen Kriege. Nach Onno Klopp bearbeitet. Mit Tilly's Bildniss. 12⁰. (5½ B.) 8 sgr. — 27 kr. — fr. 1.

Bildet das III. Bändchen der „Sammlung historischer Bildnisse".

231 **Kiesel**, Dr. **K.**, Vorlesungen über die Geschichte der vorchristlichen Zeit, gehalten zu Düsseldorf im Winter 1855—1856. gr. 8⁰. (14 B.) 24 sgr. — fl. 1. 21 kr. — fr. 3. 5.

232 —— die Weltgeschichte für höhere Schulen und Selbstunterricht übersichtlich dargestellt. Zweite, verbesserte Auflage. 2 Bände in 3 Abtheilungen. gr. 8⁰. (129 B.) Thlr. 4. 24 sgr. — fl. 8. 24 kr. — fr. 18. 90. — Jede Abtheilung Thlr. 1. 18 sgr. — fl. 2. 48 kr. — fr. 6. 30.

233 I. Band: Die vorchristliche Zeit. (40½ B.)

234 II. Band: Die christliche Zeit. Erste Abtheilung: Die fünfzehn ersten Jahrhunderte. (39½ B.)

235 II. Band: Die christliche Zeit. Zweite Abtheilung: Die vier letzten Jahrhunderte. (49 B.)

... „In der Verknüpfung der geschichtlichen Thatsachen, in der Erfassung ihrer tiefinnersten Beziehungen, in der Eröffnung grossartiger und überraschender Fernsichten ist Kiesel ein Meister. Das Werk, dessen Erscheinen wir mit wahrer herzlicher Freude begrüssen, hat in der Geschichtsliteratur Anspruch auf die ehrenvollste Stelle." \* (Zeitschrift für die kath. Theologie.)

„Unter den zahlreichen derartigen Geschichtswerken, welche zur Belehrung oder zum Unterricht für die Jugend bestimmt sind, hat das vorstehende nach Inhalt und Tendenz gewiss einen besondern Anspruch auf Beachtung. Zunächst bestimmt für reifere Schüler, welche das im Schulunterricht Gebotene zu erweitern und zu ergänzen wünschen, wendet es sich aber auch zugleich an den weitern Kreis eines gebildeten Publikums, welchem eine Vergegenwärtigung des weltgeschichtlichen Verlaufes ein Bedürfniss ist." (Heidelb. Jahrb. der Literat.)

„Neben der politischen findet auch die Culturgeschichte die gebührende Berücksichtigung. Die historischen Data sind, wie es der kundige Leser an den meisten Stellen auch ohne speciellen Nachweis leicht entdeckt, im Ganzen durch genaue Quellenstudien sowie durch sorgfältige Benutzung der neuern Forschungen festgestellt und in ebenso ruhiger als objectiver Weise vorgetragen. Dabei ist von besonderer Wichtigkeit, dass die Thatsachen nicht bloss äusserlich an einander gereiht, sondern in ihrem causalen Zusammenhange klar dargelegt und vor allem die innern Beziehungen zwischen dem politischen, geistigen und religiösen Leben der Völker nachgewiesen sind. Ueberdiess sucht der Verfasser durch Einflechten von Betrachtungen dem Leser „die Ueberzeugung von einem in der Weltgeschichte sich kundgebenden göttlichen Plane der Menschenerziehung" einzuflössen, so dass er zugleich eine Philosophie der Geschichte wenigstens in ihren Umrissen bietet. Besonders werden auch jüngere Lehrer, wie der Verfasser mit Grund hoffen darf, aus dem Buche „hinsichtlich der von dem Unterricht in's Auge zu fassenden Ziele einige Anregung schöpfen." (Theol. Literaturblatt.)

236 **Kirchen-Lexikon** oder Encyclopädie der katholischen Theologie und ihrer Hilfswissenschaften. Herausgegeben unter Mitwirkung der ausgezeichnetsten katholischen Gelehrten Teutschlands, von Dr. *Heinrich Joseph Wetzer* und Dr. *Benedikt Welte*. Mit Approbation des hochwürdigsten Herrn Erzbischofs von Freiburg. 13 Bände oder 156 Lieferungen. gr. 8°. (772¼ B.) Thlr. 26. 17 sgr. — fl. 40. — fr. 90.

237 **Klaus**, J. J., Predigten auf alle Sonn- und Festtage des Kirchenjahres über die Hauptwahrheiten der christkatholischen Religion. Aus dem Lateinischen bearbeitet von einem Vereine katholischer Priester. 4 Jahrgänge oder Bände zu je drei Heften. gr. 8°. (206 B.) Thlr. 6. — fl. 9. 36 kr. — fr. 21. 60. Jeder Band Thlr. 1. 15 sgr. — fl. 2. 24 kr. — fr. 5. 40. Jedes Heft 15 sgr. — 48 kr. — fr. 1. 80.

Hieraus ist besonders erschienen:

238 ——— Predigten über die Busse und die heiligen Sacramente. (Separat-Ausgabe von Klausens Magazin für Prediger. III. Jahrgang.) (49 B.) Thlr. 1. 15 sgr. — fl. 2. 24 kr. — fr. 5. 40.

239 ——— Predigten über die christliche Gerechtigkeit und die vier letzten Dinge. (Separatausgabe von Klausens Magazin für Prediger. IV. Jahrgang.) (55 B.) Thlr. 1. 15 sgr. — fl. 2. 24 kr. — fr. 5. 40.

„Referent steht nicht an, seine Ueberzeugung dahin auszusprechen, dass unter den neuerdings auf die Bahn gebrachten alten Predigten die von Klaus vor allen Beachtung und Anerkennung verdienen und dass sie jedem Prediger erspriessliche Dienste zu leisten geeignet sind. Sowohl der reiche Inhalt als die vielfach treffliche homiletische Form und Darstellung wird für den Prediger nicht nur anregend und bildend, sondern auch unmittelbar anwendbar und brauchbar sein."

240 **Kleinheidt,** sancti Gregorii episcopi Nysseni doctrina de angelis exposita. Cum approbatione rev. archiepiscopi Friburgensis. 12⁰. (2½ B.) 8 sgr. — 24 kr. — 90 cts.

241 **Kleutgen,** J., S. J., über die Verfolgung der Kirche in unseren Tagen. Drei Reden, gehalten zu Rom. Bei Gelegenheit des päpstlichen Rundschreibens vom 8. Dezember 1864 von Neuem gedruckt und mit einer Beilage vermehrt. Mit Gutheissung der Obern. 12⁰. (5⅔ B.) 9 sgr. — 30 kr. — fr. 1. 15.

„Der gelehrte Verfasser der „Theologie der Vorzeit" hat uns hier eine zeitgemässe, recht eindringliche Beleuchtung der Verfolgungen unserer hl. Kirche gewährt, die allen gewissenhaften Kanzelrednern eine Fülle schlagender Argumente an die Hand gibt. Wir sind überzeugt, dass Alle, welche diese drei Reden sorgfältig prüfen, unser Urtheil begründet finden und es uns Dank wissen werden, sie darauf hingewiesen zu haben." (Schles. Kirchenblatt.)

242 **Klopp,** Dr. O., kleindeutsche Geschichtsbaumeister. 8⁰. (20¼ B.) Thlr. 1. 10 sgr. — fl. 2. 18 kr. — fr. 5. 20.

Gegen die Geshichtsdarstellungen Häussers, Droysens, v. Sybels und Bluntschlis.

243 **Knecht,** Fr. J., das moderne Antichristenthum. Seine Ursachen und seine Waffen. Ein offener Brief an Herrn Carl Scholl, Prediger der freireligiösen Gemeinden zu Mannheim und Heidelberg. 8⁰. (3 B.) 5 sgr. — 15 kr. — 55 cts.

244 —— zur Verständigung in der Schulreformfrage. Für Freunde des Volksschulwesens mit besonderer Berücksichtigung des neuen badischen Schulgesetzentwurfes. 8⁰. (3¾ B.) 5 sgr. — 15 kr. — 55 cts.

245 **Könen,** J. H., Lieder zum Gebrauche beim katholischen Gottesdienst. Grösstentheils aus alten katholischen Gesangbüchern gesammelt und für gemischten Chor bearbeitet. 8⁰. (6½ B.) 12 sgr. — 36 kr. — fr. 1. 35.

246 **König,** Dr. J., die Theologie der Psalmen. 8⁰. (33½ B.) Thlr. 1. 15 sgr. — fl. 2. 36 kr. — fr. 5. 85.

247 **Krach,** J. G., die hl. Schrift des neuen Testaments nach der Vulgata und den Grundsprachen, mit Anmerkungen. 2 Thle. 8⁰. (66½ B.) 27½ sgr. — fl. 1. 36 kr. — fr. 3. 60.

248 **Kutscheit,** Dr. J. V., historisch-geographischer Atlas in 50 colorirten Karten. Dritte Auflage des früher von Julius Löwenberg bearbeiteten historisch-geographischen Atlasses. Grösse: 33 auf 42 Centimètres. Thlr. 6. — fl. 9. 36 kr. — fr. 21. 60; in Leinwand geb. Thlr. 6. 17 sgr. — fl. 10. 32 kr. — fr. 23. 70. Eine Uebersichtskarte einzeln 5 sgr. — 15 kr. — 55 cts.; eine Specialkarte einzeln 3 sgr. — 10 kr. — 40 cts.

Die zweite Auflage dieses Werkes war mit einem erläuternden Texte begleitet, der jetzt noch zum Preise von 6 sgr. — 18 kr. — 70 cts. einzeln zu beziehen ist.

### Verzeichniss der Karten.

1. Uebersichtskarte für die älteste Geschichte bis zur Zeit der Blüthe des persischen Reiches unter Darius.
2. Palästina bis auf die Zeit der Wegführung des Volkes.
3. Egypten, Arabia petraea und Syrien, insbesondere für die Zeit bis auf Cyrus.
4. Griechenland und die griechischen Colonien in Vorderasien, Unteritalien und Sicilien.

5. Peloponesos, Hellas und Thessalia.
6. Der Orient zur Zeit Alexanders des Grossen und seiner Nachfolger.
7. Hispania, Südgallia, Italia und Afrika, vorzüglich für die Zeit der römisch-karthagischen Kriege.
8. Italien für die Zeit der römischen Republik.
9. Rom und der Ager romanus.
10. Das römische Reich unter Augustus und bis zum Tode Trajans.
11. Palästina zur Zeit Jesu und der Apostel.
12. Gallien, Britannien, Germanien und die obern Donauländer, nach Cäsar, Tacitus, Ptolomäus, Plinius etc.
13. Das weströmische Reich bis zu seinem Untergange.
14. Die europäischen Reiche zu Anfang des vierten Jahrhunderts n. Chr.
15. Mittel- und Südeuropa zu Anfang des 8. Jahrhunderts n. Chr.
16. Uebersichtskarte der christlichen und muhamedanischen Reiche zur Zeit Karls d. Gr.
17. Das Reich Karls d. Gr. und die Theilung desselben zu Verdun im Jahr 843, nebst dem Reiche der Angelsachsen in Britannien zu jener Zeit.
18. Deutschlands frühere kirchliche Eintheilung.
19. Uebersichtskarte der europäischen, nordafrikanischen und vorderasiatischen Reiche im 12. und 13. Jahrhundert n. Chr. Geb.
20. Mitteleuropa im 11., 12. und 13. Jahrhundert.
21. Scandinavien und die Ostseeländer im 12., 13. und 14. Jahrhundert.
22. Asien und Osteuropa bis zum Jahr 1500, zur Geschichte der Mongolen.
23. Die Trümmer des byzantinischen Reichs im Anfange des 14. Jahrhunderts.
24. Das Reich der westlichen Araber im 10. Jahrhundert
25. Italien während der Herrschaft der Hohenstaufen und Normannen.
26. Vorderasien während der Kreuzzüge.
27. Das deutsche Reich nach seiner Kreiseintheilung durch Maximilian I. Die Republiken der vereinigten Niederlande und der Eidgenossen.
28. Uebersichtskarte für die Zeit von der Reformation bis zum westphälischen Frieden.
29. Deutschland während des dreissigjährigen Kriegs.
30. Uebersichtskarte für die Zeit vom westphälischen Frieden bis zum spanischen Erbfolgekrieg.
31. a) Helvetien zur Zeit Rudolfs von Habsburg.
b) Die Schweiz oder das Land der Eidgenossen von 1308 bis jetzt.
32. a) Die freien und die spanisch-österreichischen Niederlande bis zu den Revolutionskriegen.
b) Das Königreich der vereinigten Niederlande und seine Theilung in die Königreiche Belgien und der Niederlande.
33. England und Frankreich zur Uebersicht der neuern Geschichte bis zur Revolution.
34. Karte von Spanien und Portugal seit der Vereinigung Kastiliens und Aragoniens und der Vertreibung der Mauren.
35. Karte des österreichischen Staates zur Uebersicht seiner neuern Geschichte.
36. Karte von Italien und den illyrischen Provinzen zur Zeit Napoleons.
37. Karte des preussischen Staates zur Entstehungsgeschichte desselben.
38. Karte des russischen Reiches zur Uebersicht seiner neuern Geschichte.
39. Karte von Polen zur Uebersicht seiner neuern Geschichte von der Reformation bis zur dritten Theilung.
40. Scandinavien und die Ostseeländer seit dem westphälischen Frieden.
41. Uebersichtskarte der europäischen Reiche von dem Tode Friedrichs d. Gr. bis zur französischen Revolution.
42. Uebersichtskarte der europäischen Staaten für das Jahr 1810.
43. Die Colonien der Engländer in Nordamerika vor und im Revolutionskriege.
44. Die vormaligen spanischen und portugiesischen Besitzungen in Amerika und die daraus entstandenen neuen Staaten.
45. Karte der verschiedenen Hauptgestaltungen des türkischen Reichs.
46. Afrika und Vorderindien zur Zeit der ersten Entdeckungsreisen der Portugiesen.
47. Deutschland und Frankreich zur Zeit des Rheinbundes.
48. Die bedeutendern europäischen Colonien und Besitzungen ausser Europa im Gegensatz der ursprünglichen Bevölkerung.
49. Uebersichtskarte der europäischen Staaten seit 1813.
50. Erdansichten der Dichter und Geographen des Alterthums.

Jedes Blatt wird einzeln abgegeben.

249 **Kutscheit, Dr. J. V.**, historisch-geographischer Atlas zu den Lehrbüchern der Weltgeschichte von *Dr. Johannes Bumüller*, in 25 colorirten Karten. Thlr. 2. — fl. 3. 30 kr. — fr. 7. 90; geb. in Leinwand: Thlr. 2. 15 sgr. — fl. 4. 18 kr. — fr. 9. 70.

Enthält Nr. 1—3, 5—8, 12, 14, 17, 22, 25—27, 30, 35, 37 — 40, 43, 44,

250 **Lambruschini,** J. B., Führer zum Himmel. Ein Gebetbuch. Auf's Neue aus dem Italienischen übersetzt und bearbeitet von Dr. *A. Bendel.* Mit einem Stahlstich. Dritte Auflage. 12°. (20 B.) Feine Ausgabe 10 sgr. — 36 kr. — fr. 1. 35; geb. in Leinwand 17 sgr. — fl. 1. — fr. 2. 25; elegant geb. mit Goldschnitt 19 sgr. — fl. 1. 6 kr. — fr. 2. 50; gewöhnl. Ausgabe 7½ sgr. — 30 kr. — fr. 1. 15; in Leinwand geb. 15 sgr. — 54 kr. — fr. 2.

251 ——— der kleine Führer zum Himmel. Auszug aus dem Gebetbuch. Auf's Neue aus dem Italienischen übersetzt und bearbeitet von Dr. *A. Bendel.* Zweite, verbesserte Auflage. Mit einem Titelbild. 16°. (10½ B.) 6 sgr. — 18 kr. — 70 cts.; geb. in Halbleinwand 8 sgr. — 26 kr. — 95 cts.

<small>Diese beiden Ausgaben von Lambruschinis berühmtem Gebetbuch werden von keinen andern übertroffen.</small>

252 **Lamey, A.**, Vertheidigungsschrift für Se. Excellenz den Herrn Erzbischof zu Freiburg. 8°. (1¾ B.) 3 sgr. — 9 kr. — 35 cts.

253 **Lämmer,** Dr. H., Misericordias Domini. kl. 8°. (9 B.) 15 sgr. — 48 kr. — fr. 1. 80.

<small>Ist die Conversionsschrift des Herrn Verfassers in deutscher Sprache.</small>

254 ——— zur Kirchengeschichte des sechszehnten und siebenzehnten Jahrhunderts. gr. 8°. (12 B.) 24 sgr. — fl. 1. 24 kr. — fr. 3. 15.

255 ——— monumenta Vaticana historiam ecclesiasticam saeculi XVI illustrantia. Ex tabulariis sanctae sedis apostolicae secretis excerpsit, digessit, recensuit, prolegomenisque et indicibus instruxit. Una cum fragmentis Neapolitanis ac Florentinis. gr. 8°. (32½ B.) Thlr. 3. — fl. 5. 15 kr. — fr. 11. 80.

256 ——— scriptorum Graeciae orthodoxae bibliotheca selecta. Ex codicibus manuscriptis partim novis curis recensuit, partim nunc primum eruit. Vol. I. gr. 8°. (43½ B.) Thlr. 2. 24 sgr. — fl. 4. 36 kr. — fr. 10. 35.

<small>Sectt. I—II. 22 sgr. — fl. 1. 12 kr. — fr. 2. 70; Sectt. III—V. Thlr. 1. 6 sgr. — fl. 2. — fr. 4. 50; Sectio VI. 26 sgr. — fl. 1. 24 kr. — fr. 3. 15.</small>

257 ——— in decreta concilii Ruthenorum Zamosciensis animadversiones theologico-canonicae. kl. 4°. (4½ B.) 28 sgr. — fl. 1. 36 kr. — fr. 3. 60.

„Der Verfasser entwickelt äusserst schätzbare Mittheilungen über das Verhältniss des lateinischen zum griechisch-unirten Ritus, über die Ursache, warum den Kindern zugleich und sogleich jene Trias der Sacramente zugewendet wurde: Taufe, Firmung und Eucharistie, ein Gebrauch, der bei den Griechen erst gegen Ende des 16. Jahrhunderts auf Widerspruch stiess und gegen den man unsere Synode von Zamosk ankämpft. In der Folge führt den gründlichen Verfasser nicht bloss auf viele liturgische Bemerkungen, die sofort das Interesse für sich wecken, sondern auch auf literarische; so finden sich p. 46 Notizen über den Codex Marucellianus, p. 52 über die mannichfachen Recensionen, welchen die Florentiner Synodal-Akten unterworfen worden. Der Epilog der Schrift bringt uns kurze Nachrichten über die Revision, Bestätigung und Veröffentlichung der Zamosker Dekrete."

(Schles. Kirchenblatt.)

258 ——— coelestis urbs Jerusalem. Aphorismen nebst einer Beilage. Festschrift des Breslauer Domkapitels zur Feier des fünfzigjährigen Priesterjubiläums Sr. Hochwürden Hochwohlgeboren des inful. Prälaten und Dompropstes der Kathedrale zum hl. Johannes

Baptista, Herrn Emanuel Joseph Elsler, am neunten März 1866. kl. 4°. (18½ B.) Thlr. 1. 15 sgr. — fl. 2. 36 kr. — fr. 5. 85.

259 **Langen**, Dr. J., die deuterocanonischen Stücke des Buches Esther. Eine biblisch-kritische Abhandlung. 8°. (5½ B.) 12 sgr. — 36 kr. — fr. 1. 35.

260 ――― die letzten Lebenstage Jesu. Ein biblisch-historischer Versuch. Nebst einem Anhange über Golgatha und das hl. Grab. Mit einem Plane. 8°. (27¾ B.) Thlr. 1. 10 sgr. — fl. 2. 12 kr. — fr. 4. 95.

„Die vorliegende Schrift behandelt die letzten Lebenstage des Erlösers in einer ungemein anziehenden Weise, indem der Verfasser nicht das starre Gewand glänzender exegetischer Gelehrsamkeit anlegt, sondern vorzugsweise den Ton einfacher und fasslicher Erzählung, mit welcher die exegetischen Anstände und deren möglichste Hebung verbunden sind. Langen theilt das Ganze in 17 Abtheilungen. Er behandelt nämlich nach einer kurzen Einleitung I. Jesu feierlichen Einzug in Jerusalem; II. dessen letztes Auftreten im Tempel; III. den Beschluss des Synedriums; IV. Judas als den Verräther; V. die Bestellung des letzten Mahles; VI. den Tag des Abschiedsmahles; VII. die Feier des letzten Abendmahles; VIII. die Gefangennehmung; IX. Jesus vor Annas; X. derselbe vor dem hohen Rath; XI. das Todesurtheil und seine Folgen; XII. Jesus vor Pontius Pilatus; XIII. Jesus vor Herodes; XIV. die Verurtheilung zur Kreuzesstrafe; XV. Vorbereitungen zur Kreuzigung; XVI. Jesu Tod am Kreuze; XVII. dessen Begräbniss. Der Verfasser benutzt zur Erörterung dieser Abschnitte das grossartige Material von der ältesten bis herab zur jüngsten Zeit mit Umsicht und bietet Vieles, „was nicht nur selbst unter denen, welche das christliche Volk über die hl. Geschichte zu belehren berufen sind, noch weniger bekannt sein dürfte", sondern auch den zum Lehren nicht verpflichteten, aber Belehrung suchenden Laien wahren Genuss gewähren wird." (Chilianeum.)

261 ――― das Judenthum in Palästina zur Zeit Christi. Ein Beitrag zur Offenbarungs- und Religionsgeschichte als Einleitung in die Theologie des N. T. 8°. (34 B.) Thlr. 1. 24 sgr. — fl. 3. — fr. 6. 75.

„Die ganze Arbeit des Verfassers liefert einen bedeutenden Beitrag zur wünschenswerthen möglichsten Aufhellung aller religiösen Anschauung unter den Juden in Palästina zu der Zeit, wo der verheissene und sehnlichst erwartete Messias erschien. Ihre Brauchbarkeit zur Erklärung der neutestamentlichen Schriften ist einleuchtend, zumal durch eine gute Gruppirung das Auffinden des Gesuchten nicht schwer ist. Möge die Schrift viele Leser finden, welche das Dargebotene zu würdigen wissen."
(Theol. Literaturblatt.)

262 **Lessii**, L., S. J., opusculum asceticum quinquaginta considerationum de L. nominibus Dei. In tres libellos: viae purgativae, illuminativae, unitivae distributum. 12°. (13 B.) 16 sgr. — 54 kr. — fr. 2.

263 **Lieber**, M., in Sachen der oberrheinischen Kirchenprovinz. Mit ältern und neuern Actenstücken. 8°. (10 B.) 10 sgr. — 30 kr. — fr. 1. 15.

264 **Lindemann**, W., Geschichte der deutschen Literatur. 8°. (45¼ B.) Thlr. 2. — fl. 3. 30 kr. — fr. 7. 90; geb. in Leinwand Thlr. 2. 10 sgr. — fl. 4. — fr. 9.

„Am Schlusse unserer Besprechung angelangt, wiederholen wir unser früheres Lob über dieses Buch, das vor Vilmar den Vorzug hat, dass es den katholischen und den prosaischen Schriftstellern mehr Aufmerksamkeit schenkt und bis auf die Gegenwart reicht; von Eichendorffs Geschichte der poetischen Literatur Deutschlands unterscheidet es sich durch die eingehendere Berücksichtigung der mittelalterlichen und Volksdichtung, wie durch die Besprechung der wissenschaftlichen Literatur. Mit beiden gemein hat es den positiv christlichen Sinn, die Liebe zur Wahrheit, die Unparteilichkeit im Urtheil, die genaue Kenntniss des Materials und eine lebendige, ja blühende Darstellung. — Druck und Ausstattung befriedigen vollkommen. Somit sei

265 **Lorinser,** Dr. F., die Welt in ihrem Widerspruch gegen das Reich Jesu Christi. Sieben Fastenpredigten, gehalten in der St. Matthias-Pfarrkirche zu Breslau. kl. 8°. (9⅛ B.) 14 sgr. — 45 kr. — fr. 1. 70.

266 **Löser,** J., die Jugenderziehung der Gegenwart im Verhältniss zu frühern Jahren. Gekrönte Preisschrift. 8°. (5¼ B.) 5 sgr. — 16 kr. — 60 cts.

267 **Löwenberg,** J., historisch-geographischer Atlas zu den allgemeinen Geschichtswerken von K. v. Rotteck, Pölitz und Becker. 40 colorirte Karten. Grösse: 33 auf 42 Centimètres. Thlr. 5. — fl. 8. — fr. 18.

Die folgenden Auflagen dieses Atlasses s. *Kutscheit.*

268 **Lumpp, L.,** deutsche vierstimmige Messen. 6 Hefte. fol. Thlr. 3. — fl. 5. 24 kr. — fr. 12. 15.

269 **Mai-Andacht,** die, in Betrachtungen über das Leben Mariä. Für Kirche und Haus. Von einem Priester der Erzdiöcese Freiburg. Mit erzbischöflicher Approbation. Dritte, unveränderte Auflage. Mit Titelbild und Titelvignette. 12°. (13⅓ B.) 12 sgr. — 42 kr. — fr. 1. 60; geb. 19 sgr. — fl. 1. 6 kr. — fr. 2. 50.

„Das vorliegende Buch zählt zu den besten Andachtsbüchern dieser Art. Die Betrachtungen sind klar und leicht fasslich gehalten, hie und da mit Kernsprüchen aus der bl. Schrift und den Werken grosser Gottesmänner gewürzt."
(Der kathol. Christ.)

270 **Maier,** Dr. A., Commentar üb. d. Evangelium des hl. Johannes. 2 Bde. gr. 8°. (50⅝ B.) Thlr 3. 2½ sgr. — fl. 5. 12 kr. — fr. 11. 70.
I. Band. Thlr. 1. 12½ sgr. — fl. 2. 24 kr. — fr. 5. 40. II. Band Thlr. 1. 20 sgr. — fl. 2. 48 kr. — fr. 6. 30.

271 —— Commentar über den Brief Pauli an die Römer. gr. 8°. (27½ B.) Thlr. 1. 18½ sgr. — fl. 2. 42 kr. — fr. 6. 10.

272 —— Einleitung in die Schriften des Neuen Testamentes. gr. 8°. (27½ B.) Thlr. 2. — fl. 3. 30 kr. — fr. 7. 90.

273 **Manna quotidianum** sacerdotum sive preces ante et post missae celebrationem cum brevibus meditationum punctis pro singulis anni diebus. Cum approbatione rev. archiep. Friburg. III voll. 12°. (81⅔ B.) Thlr. 2. 24 sgr. — fl. 4. 48 kr. — fr. 10. 80. Jeder Band 28 sgr. — fl. 1. 36 kr. — fr. 3. 60.

„Dieses Werk, herausgegeben von Herrn J. *Schmitt*, Verfasser des „Erstcommunicanten-Unterrichts", enthält eine Sammlung schöner und recht herzlicher Gebete vor und nach der heiligen Messe für jeden Tag des Jahres aus dem grossen und umfangreichen *Scutum fidei.* Statt der dortigen langen Betrachtungen und zahlreichen Väterstellen sind hier ebenso kurze als inhaltsreiche und praktische Betrachtungspunkte aus den besten Betrachtungbüchern zusammengestellt. Der Bequemlichkeit wegen für den täglichen Gebrauch ist das Ganze in 3 Bändchen (Duodezformat) abgetheilt mit einem in allen drei gleichlautenden Anhange, welcher eine kurze Anleitung zur Betrachtung, Access und Recess und eine Menge anderer schöner und mit Ablässen begnadigter Andachtsübungen und Gebete enthält. Jeder wird hier die reichlichste Nahrung und Labung für seine Seele finden."
(Pastoralblatt für die Diöcese Augsburg.)

274 **Manuale precum** ad usum seminariorum e breviario, missali et pontificali Romano decerptum. Cum approbatione ordinarii Friburgensis. 12°. (10 B.) 12 sgr. — 42 kr. — fr. 1. 60; geb. 18 sgr.

Dieses neue Manuale, das sein Erscheinen zunächst den specifischen Bedürfnissen der *Freiburger* Seminarien, in denen es officiell eingeführt worden ist, verdankt, dürfte durch seinen zweckmässigen und trotz des so mässigen Umfanges sehr reichen Inhalt auch in den *niederen* und *höheren Convicten*, *Collegien* oder *Seminarien anderer Diöcesen* gute Dienste leisten. Der leitende Grundgedanke für den Herausgeber war: so frühe als nur immer möglich die Aspiranten des Priesterthums auf *Brevier*, *Missale* und *Rituale* vorzubereiten und in dieselben *practisch* einzuführen. Darum sind fast alle *Bestandtheile* des Manuale diesen *officiellen liturgischen Büchern entnommen*. Allenthalben sind die *wichtigsten Rubriken des Breviers*, *Missale* etc. eingestreut. Eine besonders werthvolle Zugabe bilden (ausser einem Pars prooemialis mit den gewöhnlichsten Ablassgebeten etc.) die beiden Appendices, die *Professio fidei Trident.* (ante Subdiac.) und den vollständigen *Ritus aller Ordinationen* (aus dem Pontif. Rom.) enthaltend. So dürfte dieses kleine und *wohlfeile* Manuale sicherlich seinen Weg in die Seminarien finden.

275 **Manuel** encyclopédique et pittoresque des sciences et des arts, ou description raisonnée d'une galerie systématique, composée de 226 planches gravées sur pierre et représentant près de 5000 sujets tirés de l'histoire naturelle, la chimie, la physique, la géographie universelle, la géometrie, la statistique générale, les armements militaires de tous les siècles et de toutes les nations, l'archéologie, la numismatique, le blason, l'ethnographie, l'architecture civile, militaire et navale, la métallurgie, la mythologie et les cultes. gr. 4°. (96 B.) Thlr. 7. — fl. 12. — fr. 27.

276 **Mast**, Dr. J., dogmatisch-historische Abhandlung über die rechtliche Stellung der Erzbischöfe in der katholischen Kirche. gr. 8°. (15¼ B.) 22½ sgr. — fl. 1. 12 kr. — fr. 2. 70.

277 **Meister**, K. S., das katholische deutsche Kirchenlied in seinen Singweisen von den frühesten Zeiten bis gegen Ende des siebzehnten Jahrhunderts. Auf Grund älterer handschriftlicher und gedruckter Quellen. I. Band. Mit 3 Anhängen: Facsimiles, Copien und Tonsätze. gr. 8°. (38⅜ B.) Thlr. 3. 15 sgr. — fl. 6. — fr. 13. 50.

„Das vorliegende Werk ist wohl noch einzig in seiner Art. Was seither von katholischer Seite für die Sache geschehen ist, bezieht sich der Hauptsache nach fast ausschliesslich auf das Lied als solches, weniger auf dessen musikalische Seite, die Melodien. Vorliegendes Werk wählt den *musikalischen* Theil des katholischen deutschen Kirchenliedes zu seinem Gegenstande und tritt somit in eine sehr bedeutende Lücke der katholischen Literatur ein; es darf daher wohl mit Recht als ein zeitgemässes um so mehr bezeichnet werden, als es sich auf vorzügliche Quellen stützt. Wegen ihres *kunst-* und *kirchengeschichtlichen* Interesses, sowie als Fundgrube für künftig zu veranstaltende Gesang- und Choralbücher muss die Schrift die Theilnahme nicht allein des Musikers und Hymnologen von Fach, sondern insbesondere der Geistlichen, Lehrer und Organisten gewinnen." (Zeitschrift f. Erziehung u. Unterricht.)

278 **Melodien** zu den Liedern des Handbüchleins der Erzbruderschaft sanctissimi corporis Christi. 8°. (2 B.) 6 sgr. — 18 kr. — 70 cts.

279 **Mezler**, J. G., planmässig geordnete Musterbeispiele nebst Anleitung zur Uebung im mündlichen und schriftlichen Gedankenausdruck. Für alle drei Classen einer Volksschule. Fünfte Auflage. 12°. (23 B.) Thlr. 1. 3 sgr. — fl. 1. 54 kr. — fr. 4. 25.

Angesichts der grossen Zahl jährlich neu erscheinender Bücher, welche denselben Gegenstand behandeln, darf das Erscheinen dieser fünften Auflage gewiss als ein Beweis für die vorzügliche Brauchbarkeit dieser Beispielsammlung betrachtet werden.

280 **Ming**, J., das christliche Mädchen. Ein Lesebuch für Schule und Haus. kl. 8°. (9 B.) Ausgabe I. auf feines Papier 10 sgr. — 30 kr. — fr. 1. 15; geb. 15 sgr. — 48 kr. — fr. 1. 80. Ausgabe II. auf geringeres Papier 6 sgr. — 18 kr. — 70 cts.

281 **Mislin**, die heiligen Orte. Pilgerreise nach Jerusalem von Wien nach Marseille durch Ungarn, Slavonien, die Donaufürstenthümer, Konstantinopel, den Archipelagus, den Libanon, Syrien, Alexandrien, Malta und Sicilien. Nach der zweiten Auflage des französischen Originals umgearbeitete und vermehrte Ausgabe. Mit vielen Karten und Plänen. Drei Bde. gr. 8°. (131½ B.) Thlr. 10. — fl. 18. — fr. 40. 50.

Dieses Buch ist eine neue, ganz umgearbeitete, fast um ein Viertheil des früheren Umfanges vermehrte deutsche Originalausgabe der Pilgerreise nach dem heiligen Lande, die der hochwürdige Herr Prälat zweimal unternommen hat. Die Ausstattung ist prachtvoll, und alle Pläne und Karten sind deutlicher, genauer und übersichtlicher als in den früheren Auflagen, so dass der Preis dieses Werkes, abgesehen von der Mannigfaltigkeit und Gediegenheit des Inhalts, schon mit Berücksichtigung seiner typographischen Ausschmückung als ein höchst billiger erscheinen muss.

282 **Morgenstudien** über die Regierungskunst, von dem Könige Friedrich II. von Preussen, genannt der Grosse, geschrieben für seinen Neffen. Originaltext mit gegenüberstehender Uebersetzung. 8°. (6½ B.) 12 sgr. — 42 kr. — fr. 1. 60.

283 **Müllbauer**, Geschichte der katholischen Missionen in Ostindien von der Zeit Vasco da Gama's bis zur Mitte des 18. Jahrhunderts. Eine von der theologischen Facultät der Ludwig-Maximilians-Universität zu München gekrönte Preisschrift. 8°. (16 B.) Thlr. 1. 4 sgr. — fl. 1. 48 kr. — fr. 4. 5.

284 **Müllendorff**, Dr. J., der hl. Franz von Sales als Kind, ein Muster für Kinder. Nach dem Französischen bearbeitet und mit einem Anhange von Gebeten versehen. Mit Holzschnitten. 16°. (6 B.) 6 sgr. — 20 kr. — 75 cts.; geb. 8 sgr. — 27 kr. — fr. 1.

285 **Müller**, Dr. H., über die heiligen Masse des Alterthums, insbesondere der Hebräer und Hellenen. gr. 8°. (13 B.) 24 sgr. — fl. 1. 20 kr. — fr. 3.

286 **Müller**, Dr. J. N., Erbauungsbuch für Gefangene in Strafanstalten. 2 Thle. 8°. (40½ B.) Thlr. 1. 15 sgr. — fl. 2. 42 kr. — fr. 6. 10.

287 ―――― Jugendsegen, ein Gebet- und Gesangbuch für die katholische Schuljugend. Mit 1 Titelkupfer. Zweite, vermehrte und verbesserte Auflage. 12°. (5¾ B.) 7½ sgr. — 20 kr. — 75 cts.

**Nachfolge Christi**, die, von Thomas von Kempis, s. *Thomas*.

**Naturgeschichte** für die Jugend, s. *Bumüller* u. *Schuster*, Lesebuch, 8. Abtheilung.

**Naturlehre** für die Jugend, s. *Bumüller* u. *Schuster*, Lesebuch, 9. Abtheil.

288 **Neugart**, P. T., Episcopatus Constantiensis Alemannicus sub metropoli Moguntina chronologice et diplomatice illustratus. Partis I. tom. II. Continens annales tam profanos quam ecclesiasticos cum statu litterarum ab anno MCI. ad a. MCCCVIII. gr. 4°. (108½ B.) Thlr. 6. — fl. 10. 30 kr. — fr. 23. 65.

reotyp-Auflage. 12⁰. (1 B.) 2 sgr. — 6 kr. — 25 cts. Bei Partien von 100 Exemplaren 1½ sgr. — 4 kr. — 15 cts.

290 **Neumaier**, Dr. J., Predigten über das hl. Sacrament der Firmung. 8⁰. (1½ B.) 4 sgr. — 12 kr. — 45 cts.

291 **Nicolaus von Cusa**, des Cardinals und Bischofs, wichtigste Schriften in deutscher Uebersetzung von Dr. *F. A. Scharpff*. gr. 8⁰. (39¾ B.) Thlr. 2. — fl. 3. 30 kr. — fr. 7. 90.

292 **Nicolay, W.**, Predigten auf die Feste des katholischen Kirchenjahres. gr. 8⁰. (12 B.) 15 sgr. — 48 kr. — fr. 1. 80.

293 **Niedermayer, A.**, der deutsche Klerus und die Wissenschaft. (Anonym erschienen.) Zweite, vermehrte Auflage. 12⁰. (3 B.) 6 sgr. — 18 kr. — 70 cts.

294 ―― die Deutschen in Paris. Vom Verfasser der Rundschau. 12⁰. (5¹/₁₂ B.) 6 sgr. — 18 kr. — 70 cts.

295 ―― die katholische Presse Deutschlands. Dritte Auflage. (Anonym erschienen.) 8⁰. (5⅛ B.) 5 sgr. — 15 kr.. — 55 cts.

296 ―― Kunstgeschichte der Stadt Wirzburg. Zweite unveränderte Ausgabe. 8⁰. (27 B.) Thlr. 1. — fl. 1. 45 kr. — fr. 3. 95.

297 ―― Mecheln und Würzburg. Skizzen und Bilder, entworfen auf den Katholiken-Versammlungen in Belgien und Deutschland. 12⁰. (6¾ B.) 9 sgr. — 30 kr. — fr. 1. 15.

298 ―― das Pfingstfest in Rom. 1862. 12⁰. (9⅓ B.) 12 sgr. — 36 kr. — fr. 1. 35.

299 ―― Rundschau. Kampf und Wachsthum der Kirche in unsern Tagen. Ein Neujahrsgruss an die Katholiken Deutschlands. (Anonym erschienen.) 12⁰. (7½ B.) 9 sgr. — 30 kr. — fr. 1. 15.

300 **Pfister, A.**, Kinderlegende. Ein Schul- und Familienbuch mit Bildern und Dichtungen. Mit 28 Holzschnitten. 12⁰. (20 B.) Thlr. 1. 6 sgr. — fl. 2. — fr. 4. 50; fein geb. mit vergoldeter Decke: Thlr. 1. 15 sgr. — fl. 2. 30 kr. — fr. 5. 65.

„Das schöne Buch soll, niedergelegt in die Hände der Eltern und Erzieher, der geistlichen Katecheten und Lehrer, ein Mittel sein, auf die empfänglichen Kinderseelen ermunternd, belebend und erziehend einzuwirken. Jener Aufgabe ist es daher, alles dasjenige den jugendlichen Zuhörern zu erklären und zu veranschaulichen, was über ihr Anschauungs- und Denkvermögen hinausgeht. Es dürfte ganz besonders den geistlichen Katechumenen zum Lohne für erwiesenen Fleiss eine Geschichte mit den nothwendigen Erläuterungen vorzulesen oder frei vorzutragen; beides nahm Referent in Stadt- und Landschulen mit günstigem Erfolge vor. Was das Buch für Kinder ganz besonders eigenschaftet, liegt in dem Umstande, dass sein Inhalt der Kinderwelt selber entnommen ist, sofern nämlich die Kindheitsgeschichten der Heiligen den Zuhörern vor Augen geführt werden. Wer das Kinderherz kennt, weiss diesen Umstand zu würdigen." (Allg. Literatur-Zeitung.)

301 ―― vollständiges katholisches Gebet- und Betrachtungsbuch für den häuslichen und öffentlichen Gottesdienst. Mit erzbischöflicher Approbation und bischöflicher Empfehlung. Dritte, umgearbeitete Auflage. 12⁰. (24¹/₁₂ B.) Ausgabe auf feines Papier mit zwei Stahlstichen 22½ sgr. — fl. 1. 12 kr. — fr. 2. 70; fein geb. in Kalbleder mit Goldschnitt Thlr. 1. 28 sgr. — fl. 3. 12 kr. — fr. 7. 20. Ausgabe auf gewöhnliches Papier mit einem Holzschnitt: 18 sgr. — fl. 1. — fr. 2. 25; in Leinwand geb. Thlr. 1. — fl. 1. 42 kr. — fr. 3. 85.

„Wir glauben versichern zu dürfen, dass das vorliegende Gebetbuch jeder Anforderung entspricht und unter die ausgezeichneteren Erzeugnisse zu zählen ist. Unter die grossen Vorzüge desselben gehört, dass es sich innig an das katholische Kirchenjahr und seine erhabenen Festideen anschliesst, in den einzelnen Gebeten und Erwägungen das belehrende und erhebende Element glücklich vereinigt, in einer einfachen und doch edlen Sprache redet, alle ermüdenden Längen vermeidet und sowohl den häuslichen als öffentlichen Gottesdienst in reichlichem Masse bedenkt. Es enthält acht Morgen- und Abend-, neunzehn Mess-, drei Beicht- und Communion-Andachten, achtzehn Litaneien, fünfunddreissig gewählte Betrachtungen, eine reiche Auswahl für alle Feste des Herrn und der Heiligen und ein sehr vollständiges Krankenbuch. Auch der Patrone für verschiedene Krankheiten wird in alter guter Weise gedacht. Wir glauben den hochwürdigen Herrn Seelsorgern, welche oft bei Anschaffung von Gebetbüchern zu Rathe gezogen werden, einen Dienst zu erweisen, wenn wir sie auf dieses echt kirchliche, wahrhaft gute Gebetbuch aufmerksam machen."
(Theolog. Monatsschrift.)

**Pfister, A.**, Nachfolge Christi, übersetzt, s. *Thomas v. K.*

302 **Pflanz, J. A.**, Kinderfreude. 8 Bändchen. Mit 36 fein colorirten Bildern. 12⁰. (46⅗ B.) Jedes Bändchen geb. mit colorirtem Umschlag 12 sgr. — 36 kr. — fr. 1. 35. Vollständig: geb. Thlr. 3. 6 sgr. — fl. 4. 48 kr. — fr. 10. 80.

303     *I. Bändchen.* Für Kinder von 6—8 Jahren. *Die Unarten der Kinder und die Zierden der Jugend.* Fünfunddreissig kleine Erzählungen für Kinder. (5½ B.) Mit 6 colorirten Bildern.

304     *II. Bändchen.* Für Kinder von 8—12 Jahren. *Lebensschicksale aus der Kinderwelt.* Sieben Erzählungen für das gereiftere Kindesalter. (6⅓ B.) Mit 6 colorirten Bildern.

305     *III. Bändchen.* Für Kinder von 12—14 Jahren. *Aus alter und neuer Welt.* Vier Erzählungen für die Jugend. (7⅓ B.) Mit 4 colorirten Bildern.

306     *IV. Bändchen.* Für die reifere Jugend. *Die Ufercolonisten.* Eine Erzählung für die Jugend. (6 B.) Mit 4 colorirten Bildern.

307     *V. Bändchen.* Für Kinder von 6—12 Jahren. *Kinderfrühling.* (5½ B.) Mit 4 colorirten Bildern.

308     *VI. Bändchen.* Für Kinder von 6—12 Jahren. *Kindermärchen.* (5 B.) Mit 4 colorirten Bildern.

309     *VII. Bändchen.* Für Kinder von 12—14 Jahren und für die reifere Jugend. *Aus Nord und Süd.* (6 B.) Mit 4 colorirten Bildern.

310     *VIII. Bändchen.* Für Kinder von 12—14 Jahren und für die reifere Jugend. *Drei Monate unter'm Schnee.* (5½ B.) Mit 4 colorirten Bildern.

311     —— Lebensbilder aus Dorf und Stadt. 12⁰. (21⅓ B.) Thlr. 1. 3 sgr. — fl. 1. 48 kr. — fr. 4. 5.

*Inhalt:* Pflug und Feder. — Madam' Maier und ihre Kinder. — Der Harzkönig. — Der Wegzeiger. — Der Wachtelweber und seine Kinder. — Bernhard und Genovef. — Die Lotterer. — Ein alter Freund. — Die Geschichte vom Tannenbaum.

„Dorf- und Stadtgeschichten in schlichter, anspruchsloser Darstellung, zuweilen gewürzt mit einem ganz köstlichen Humor, deren einzelne sich würdig den so gepriesenen Auerbach'schen Dorfgeschichten zur Seite stellen, während alle sich vor diesen durch den Charakter christlicher Gesinnung auszeichnen." (Eucharius.)

312 **Phillips, G.**, die Diöcesansynode. Zweite Auflage. 8⁰. (14 B.) 25 sgr. — fl. 1. 24 kr. — fr. 3. 15.

313     —— über den Ursprung der Katzenmusiken. Eine canonistisch-mythologische Abhandlung. 8⁰. (4¾ B.) 9 sgr. — 30 kr. — fr. 1. 15.

314 **Pictorial Bible.** Forty prints representing the most memorable events of the old and new Testament. 40 auf 45 Centimètres. In Mappe Thlr. 4. 28 sgr. — fl. 8. 24 kr. — fr. 18. 90.

Das Verzeichniss der Bilder etc. s. *Bilder-Bibel.*

315 **Pilgram, F.**, Controversen mit den Ungläubigen. Ueber die Realität des Wissens und die Logik des Glaubens. 8⁰. (13 B.) 18 sgr. — fl. 1. — fr. 2. 25.

316 —— sociale Fragen, betrachtet aus dem Principe kirchlicher Gemeinschaft. 8⁰. (5¼ B.) 12 sgr. — 42 kr. — fr. 1. 60.

317 **Pütz, W.**, Lehrbuch der vergleichenden Erdbeschreibung für die obern Klassen höherer Lehranstalten und zum Selbstunterricht. Sechste, verbesserte Auflage. 8⁰. (28 B.) 22½ sgr. — fl. 1. 18 kr. — fr. 2. 95; geb. 26½ sgr. — fl. 1. 30 kr. — fr. 3. 40.
*Karl Ritter hat das Lehrbuch von Pütz das empfehlenswertheste von den nach den Grundsätzen seiner Methode verfassten Lehrbüchern genannt.*
„Die erste Auflage dieses Werkes ist im IX., die zweite im X. Bd. unserer Zeitschrift angezeigt und als sehr vorzüglich empfohlen worden. Die vorliegende neue Auflage ist mit Benutzung der zuverlässigsten geographischen Arbeiten überall, wo Anlass vorhanden war, verbessert und dadurch um circa 8 Seiten vermehrt worden. Die Brauchbarkeit des Buches ist hierdurch von Neuem gesteigert worden, *so dass dasselbe ohne Frage zu den besten Schulbüchern für den Unterricht in höheren Lehranstalten gezählt werden kann.*" (Pädagog. Jahresbericht von *Ar Lüben*.)

318 —— Leitfaden bei dem Unterrichte in der vergleichenden Erdbeschreibung für die untern und mittlern Klassen höherer Lehranstalten. Zehnte, vielfach verbesserte Auflage. 8⁰. (11½ B.) 10 sgr. — 36 kr. — fr. 1. 35; geb. 13 sgr. — 45 kr. — fr. 1. 70.
„Welchen Weg der Verfasser in seinem sehr empfehlenswerthen Werkchen in methodischer Beziehung einschlägt, wird am klarsten erhellen, wenn wir ihn selbst im Vorwort hören: „Der vorliegende Leitfaden für den geographischen Unterricht unterscheidet sich von den meisten ähnlichen Hilfsmitteln ebenso wohl durch die *Beschränkung des Stoffes auf das Unentbehrlichste* mit Vermeidung des unnöthigen Details, welches in der Regel nur für ein baldiges Vergessen erlernt wird, als durch die *Hervorhebung des wirklich Bedeutungsvollen*, dessen Eigenthümlichkeit durch fortwährende *Vergleichung* mit ähnlichen Erscheinungen zur klaren Anschauung gebracht werden soll."
Die Lösung dieser Aufgabe ist durchweg auf das Glücklichste gelungen. Um verschiedenen Ansichten über das Zuviel und Zuwenig Rechnung zu tragen, ist die Unterscheidung des mehr oder minder Wichtigen im Druck durch Anwendung verschiedener Schriftgattungen angedeutet, wodurch für den Fall einer Wiederholung des ersten Unterrichts der Stoff desselben erweitert wird. Die Darstellung ist klar und anziehend, und für den Werth der Arbeit dürfte nicht allein die neue Auflage, sondern auch der Umstand zeugen, dass der Leitfaden bereits in italienischer, holländischer und russischer Uebersetzung erschien." (Oesterr. Schulbote.)

319 **Radewijns, Fl.**, tractatulus devotus de exstirpatione vitiorum et passionum et acquisitione verarum virtutum et maxime caritatis Dei et proximi et verae unionis cum Deo et proximo, seu tractatulus de spiritualibus exercitiis nunc primum editus ab *Henr. Nolte*. 12⁰. (2⅓ B.) 6 sgr. — 18 kr. — 70 cts.

**Räss**, Dr. **A.**, (Bischof von Strassburg), die Convertiten seit der Reformation nach ihrem Leben und aus ihren Schriften dargestellt. Ungefähr 12 Bände. gr. 8⁰.

320   I. Band: Vom Anfang der Reformation bis 1566. gr. 8⁰. (38¾ B.) Thlr. 2. 12 sgr. — fl. 4. — fr. 9.

321  II. Band: Von 1566 bis 1590. gr. 8⁰. (37¾ B.) Thlr. 2. 12 sgr. — fl. 4. — fr. 9.

322 III. Band: Von 1590 bis 1601. gr. 8⁰. (39⅓ B.) Thlr. 2. 12 sgr. — fl. 4. — fr. 9.

323  IV. Band: Von 1601 bis 1620. gr. 8⁰. (34⅜ B.) Thlr. 2. 12 sgr. — fl. 4. — fr. 9.

324 V. Band: Von 1621 bis 1638. gr. 8°. (38⅝ B.) Thlr. 2. 12 sgr. — fl. 4. — fr. 9.
325 VI. Band: Von 1639 bis 1653. gr. 8°. (37⅜ B.) Thlr. 2. 12 sgr. — fl. 4. — fr. 9.
Jährlich erscheinen etwa 3 Bände.

„Wir haben es hier mit einem wichtigen Werke zu thun, einem Quellenwerke für die neuere Kirchengeschichte, das durch die Grossartigkeit seiner Anlage und die Gründlichkeit seiner Ausführung alle bisherigen Leistungen auf diesem Gebiete weit überragt. Es soll eine glänzende Ehrenrettung der Kirche sein, welche ihr durch die Rückkehr zu ihr von so vielen ausgezeichneten Geistern und bedeutenden Charakteren ist bereitet worden." (Allgem. Liter.-Zeitung.)

„Erhebt uns jede objectiv gehaltene Lebensbeschreibung auf einen höhern Punkt der historischen Betrachtung und führt sie uns aus der gründlichen Kenntniss des Speciellen in das tiefere Verständniss des Geistes ein, welcher in der Geschichte waltet, so sehen wir bei den Lebensbildern der Convertiten die theologische Controverse gleichsam in der geschichtlichen Entwickelung eines Menschengeistes warm und lebendig an uns vorübergehen, und das Interesse an der Wiedergeburt, welche in der Seele des zur Wahrheit Zurückgekehrten vollzogen wird, übersteigt weitaus den Standpunkt und den Erfolg der wissenschaftlichen Controverse. Das in grossartigem Maasstab angelegte, auf 10—12 Bände berechnete Werk des Hrn. Bischofs von Strassburg soll bis auf unsere Tage herabreichen und beschäftigt sich vornehmlich mit jenen Männern, welche ihre Bekehrungsgründe entweder in besondern Schriften und Briefen oder auch in einem oder dem andern Hauptstücke eines grössern Werkes direct oder indirect dargelegt haben. Neben den autobiographischen Mittheilungen sind die sonstigen besten Quellen benutzt und auch namentlich die Zeugnisse der Gegner berücksichtigt, wodurch die biographische Schilderung ebenso viel an Unmittelbarkeit und lebendiger Frische gewinnt, als ihr der Stempel der Wahrheit aufgedrückt und jeder Vorwurf der Parteilichkeit abgewiesen ist." (Köln. Blätter.)

**Rattinger,** P. D., S. J., der Papst und der Kirchenstaat, s. *„Encyclica IV"*.

326 **Ravignan, de, X. G.,** S. J., das Leben der christlichen Frau in der Welt. Einzig autorisirte deutsche Ausgabe. 16°. (10 B.) 18 sgr. — fl. 1. — fr. 2. 25; geb. in Leinwand 25 sgr. — fl. 1. 24 kr. — fr. 3. 15.

327 **Reusch,** Dr. **F. H.,** Bibel und Natur. Vorlesungen über die mosaische Urgeschichte und ihr Verhältniss zu den Ergebnissen der Naturforschung. Zweite, umgearbeitete Auflage. gr. 8°. (31½ B.) Thlr. 1. 20 sgr. — fl. 2. 48 kr. — fr. 6. 30.

„Unter den verschiedenen Richtungen der Theologen, welche sich die Darstellung des Verhältnisses der Naturwissenschaft zur Theologie zur Aufgabe gemacht haben, hat die von Herrn Reusch vertretene bis jetzt allein Glück gehabt; wir werden uns schwerlich täuschen, wenn wir behaupten, die Theologen haben im Ganzen und Grossen für Reusch entschieden." (Tüb. Theol. Quartalschrift.)

.... „Diese Anführungen mögen genügen um darzuthun, dass der Verfasser mit Umsicht und Besonnenheit zu Werke geht und sich mit Freiheit bewegt. In allen Theilen des Buchs zeigt Reusch eine grosse Belesenheit auch in der einschlägigen protestantisch-theologischen und naturwissenschaftlichen Literatur. Die Einfachheit und Deutlichkeit der Darstellung und die Fülle des mitgetheilten naturwissenschaftlichen Materials machen das vorliegende Buch besonders brauchbar für diejenigen, welche das Bedürfniss haben, sich über die durch die neueren naturwissenschaftlichen Bewegungen auf die Bahn gebrachten geologischen, paläontologischen, astronomischen und urgeschichtlichen Fragen und Hypothesen zu orientiren." (Neue ev. Kirchenzeitung.)

328 **Reusch,** Dr. **F. H.,** das Buch Tobias übersetzt und erklärt. Mit Approbation des hochwürdigsten Herrn Erzbischofs von Freiburg. 8°. (12⅝ B.) 21 sgr. — fl. 1. 12 kr. — fr. 2. 70.

329 ——— Erklärung des Buches Baruch. 8°. (17¾ B.) Thlr. 1 2 sgr. — fl. 1. 48 kr. — fr. 4. 5.

330 ——— Lehrbuch der Einleitung in das Alte Testament. Mit Appro-

bation des hochwürdigsten Herrn Erzbischofs von Freiburg. Dritte, verbesserte Auflage. 8°. (14¾ B.) 20 sgr. — fl. 1. 12 kr. — fr. 2. 70.

„Das Buch bietet einen in streng kirchlichem Geiste gehaltenen, auf ausgedehntem Studium, genauer Prüfung und tactvoller Benutzung aller brauchbaren Hilfsmittel beruhenden, vollkommen wissenschaftlich durchgeführten und mit wahrhaft seltener Accuratesse ausgearbeiteten Grundriss der betr. biblischen Disciplin, welcher bei seiner scharfen Kürze a's Grundlage zu akademischen Vorlesungen für Alle, als Leitfaden zum Privatstudium für die Meisten ausreichen wird. Besonders dankbar müssen dem Verfasser die Freunde der alttestamentlichen Studien für die aller Orten sorgsam beigefügten und jetzt wieder bis auf die jüngsten Monate hinabreichenden genauen literarischen Nachweise sein. Vorstehendes Urtheil quillt aus mehrjährigem und sehr umfassendem Gebrauche der ersten Auflage des Buches (1859); in Betreff der vorliegenden zweiten darf es noch um so günstiger lauten, als für dieselbe, wenn Umfang, Anlage und wesentlicher Inhalt auch bestehen blieb, im Einzelnen doch Manches umgeändert und verbessert wurde." (Literar. Handweiser.)

331 **Reusch**, Dr. F. H., liber Sapientiae graece secundum exemplar Vaticanum cum variis lectionibus, latine secundum editionem Vulgatam in usum scholarum academicarum editus. Cum approbatione rev. archiepiscopi Friburgensis. 8°. (4 B.) 9 sgr. — 30 kr. — fr. 1. 15.

332 ——— observationes criticae in librum Sapientiae. 4°. (5 B.) 10 sgr. — 30 kr. — fr. 1. 15.

333 **Reuter**, Dr. W., Literaturkunde, enthaltend Abriss der Poetik und Geschichte der deutschen Poesie. Für höhere Lehranstalten, Töchterschulen und zum Selbstunterrichte bearbeitet. Zweite Auflage, umgearbeitet und erweitert. 8°. (9 B.) 12 sgr. — 42 kr. — fr. 1. 60.

„Der Verfasser führt in diesem Leitfaden in den Geist der verschiedenen *Perioden, Schulen* und der hervorragendsten *Dichter* ein. Bei Behandlung des Stoffes hat derselbe stets das ästhetische und religiös-sittliche Moment im Auge. Ein alphabetisches Verzeichniss erleichtert die Benützung des vortrefflichen Buches."
(Bamb. Pastoralblatt.)

334 **Rhodes, A.**, S. J., Missionsreisen in China, Tonkin, Cochinchina und andern asiatischen Reichen. Aus dem Französischen. 8°. (22½ B.) 21 sgr. — fl. 1. 12 kr. — fr. 2. 70.

335 **Riess, Fl.**, S. J., der selige Petrus Canisius aus der Gesellschaft Jesu. Aus den Quellen dargestellt. gr. 8°. (37¼ B.) Thlr. 1. 18 sgr. — fl. 2. 48 kr. — fr. 6. 30.

„Das in seinen Folgen so weithin reichende Wirken des seligen Canisius erforderte wohl ein historisches Werk, das seinen Gegenstand pragmatisch darstelle. Diese Aufgabe ist in gegenwärtiger Lebensbeschreibung vollständig gelöst worden. Die neue Biographie nimmt überall Rücksicht auf die Kirchengeschichte der Zeit, in welcher das Leben und Wirken des Seligen so vielfach eine bedeutungsvolle Stellung einnahm, und auch auf die Staatengeschichte, so weit dieselbe von den kirchengeschichtlichen Ereignissen berührt wird, so dass sich das Ganze zu einem grossen Zeitgemälde gestaltet." (Chilianeum.)

336 ——— das Leben des seligen Petrus Canisius aus der Gesellschaft Jesu. Aus des Verfassers grösserm Werke über den Seligen im Auszuge für das Volk dargestellt. 12°. (9½ B.) 14 sgr. — 48 kr. — fr. 1. 80.

337 ——— die württembergische Convention. Eine Studie. gr. 8°. (10 B.) 18 sgr. — fl. 1. — fr. 2. 25.

——— eine Vorfrage über die Verpflichtung, s. „*Encyclica I*".
——— die moderne Irrlehre, s. „*Encyclica V*".
——— der moderne Staat und die christliche Schule, s. „*Encyclica XI*".

338 **Riess**, Dr. R., die Länder der heiligen Schrift. Historisch-geographischer Bibel-Atlas, als Hilfsmittel zum Verständniss der heiligen Schrift und der biblischen Geschichte. Zugleich mit Rücksicht auf die heutigen geographischen Verhältnisse Palästina's, der Sinai-Halbinsel und der Ruinenfelder von Assyrien und Babylon. Nach den besten und neuesten Hilfsquellen dargestellt in sieben Karten. Grösse: 36 auf 45 Centimètres. In Mappe, colorirt 24 sgr. — fl. 1. 24 kr. — fr. 3. 15. — Jedes Blatt einzeln colorirt 3½ sgr. — 12 kr. — 45 cts.

**Verzeichniss der Karten.**

I. Karte der peträischen Halbinsel und Canaan's zur Zeit der Rückkehr der Israeliten aus Aegypten. — Karte der Umgebung des Sinai. Höhendurchschnitt vom Sinai bis zum todten Meere.
II. Palästina zur Zeit der Richter und der Könige. — Umfang des Reiches Davids und Salomo's.
III. Karte von Assyrien, Babylonien und Persien. — Die Ruinenfelder von Assyrien. — Plan der Ruinen von Ninive und Nimrud. — Ruinenfeld von Babylon.
IV. Palästina von der Rückkehr der Juden aus der babylonischen Gefangenschaft bis zur Zerstörung Jerusalems durch Titus. — Karte der Umgebung von Jerusalem und Bethlehem.
V. Karte zur Geschichte des apostolischen Zeitalters und der Reisen des heiligen Apostels Paulus.
VI. Plan des heutigen Jerusalem und seiner nächsten Umgebung. — Plan von Jerusalem zur Zeit Christi bis zur Zerstörung durch Titus.
VII. Karte von Palästina nach seinem heutigen Zustande. — Profile zur Versinnlichung der Bodengestaltung.

„Was der Titel verspricht, ist in dem Werke wirklich gegeben. Es dürfte schwerlich eine geographische Beziehung in den hl. Schriften vorkommen, der nicht auf vorliegenden Karten Rechnung getragen wäre, und das, so weit es überhaupt jetzt möglich ist, in einer Weise, dass wir diesen Atlas nur empfehlen können. Die Karten sind klar und für das Auge wohlthuend gezeichnet; die Auswahl der Gebiete für jede einzelne Karte ist passend und möglichst reichhaltig; die speciellen Terrainverhältnisse sind in verständlicher Weise beigegeben. Es dürfte somach dieser Atlas ein sehr willkommenes Hilfsmittel sowohl zum Selbststudium, als auch zum Unterricht Anderer sein. Der ausserordentlich billige Preis macht die Anschaffung und somit die Verbreitung dieses Hilfsmittels zum Studium und zur Erklärung der biblischen Geschichte sehr leicht." (Katholik.)

339 **Ringseis, E.**, Gedichte. kl. 8°. (15½ B.) Thlr. 1. 10 sgr. — fl. 2. 12 kr. — fr. 4. 95; geb. in Leinwand: Thlr. 1. 20 sgr. — fl. 2. 48 kr. — fr. 6. 30.

*Inhalt:* Weltliches. — Gelegenheitsgedichte. — Uebergang zu Geistlichem. — Eindrücke aus dem Kirchenjahr. — Dem hochwürdigsten Gut. — Des Blindgebornen Heilung. Biblische Handlung in zwei Theilen.

„Aechte und kernhafte Geistesnahrung bietet die Sammlung der Gedichte von Emilie Ringseis. Es ist ein gehaltvolles, auch äusserlich auf's Geschmackvollste ausgerüstetes Bändchen weltlicher und geistlicher Poesien. Dass Emilie Ringseis eine geborne Dichterin ist, braucht sie nicht erst zu erweisen; ihre geistlichen Dramen gehören zum Besten, was auf diesem Gebiete geleistet worden ist. Auch in der Sammlung der vorliegenden Gesänge wird man den eigenthümlichen Charakter dieser Muse wieder erkennen. Ihrem Wesen ebenso wie dem Ernst der Zeiten angemessen, waltet durch die Mehrzahl derselben der religiöse Grundton vor, in allem ein streng ethischer Geist."
(Histor.-polit. Blätter.)

340 **Rio, A. F.**, de l'art chrétien. Nouvelle édition entièrement refondue et considérablement augmentée. 4 Bde. gr. 8°. (134⅞ B.) Thlr. 8. — fl. 14. — fr. 31. 50.

341 —— Philipp Howard und Marc-Anton Bragadino. 12°. (5⅓ B.) 8 sgr. — 24 kr. — 90 cts.

Bildet das I. Bändchen der „Sammlung historischer Bildnisse".

342 **Rio, A. F.**, Shakespeare. Aus dem Französischen übersetzt von *Karl Zell*. 8°. (13½ B.) 21 sgr. — fl. 1. 12 kr. — fr. 2. 70.

„Unter den vielen literarischen Erzeugnissen, welche das letzte Shakespeare-Jubiläum uns gebracht hat, nimmt das Werk des rühmlich bekannten französischen Gelehrten, Herrn Rio, des Verfassers von L'Art chrétien, ohne Zweifel einen der ersten Plätze ein. Es verdient diesen seinen Platz durch die Selbstständigkeit und Neuheit seines Inhaltes, durch die eingehende Gründlichkeit der Untersuchung, durch die dadurch gewonnenen Resultate, und durch die interessante und wohlgeformte Darstellung, womit alles Dieses gegeben wird. — Den Gegenstand des Werkes bildet die Untersuchung der Frage: ob Shakespeare Katholik oder Protestant war. Es ist offenbar, dass diese Frage kein geringes Interesse hat, nicht bloss für die Kenntniss der Person und der Lebensgeschichte des Dichters, *sondern auch für die richtige Auffassung und Würdigung seiner unsterblichen Werke*, welche in der ausgewählten Bibliothek der Weltliteratur einen so kostbaren Schatz bilden." (Histor.-polit. Blätter.)

**Roh**, P. P., S. J., die Grundirrthümer unserer Zeit, s. „*Encyclica II.*"

343 —— Porträt. Lithographie. 4°. 8 sgr. — 24 kr. — 90 cts.

344 —— dasselbe. Photographie. Visitenkarten-Format. 10 sgr. — 36 kr. — fr. 1. 35.

345 **Rolfus, Dr. H.**, Verzeichniss ausgewählter Jugendschriften, welche katholischen Eltern und Lehrern empfohlen werden können. Nebst einem Anhange von empfehlenswerthen Schriften für Erwachsene. 16°. (7 B.) Geb. 10 sgr. — 36 kr. — fr. 1. 35.

„In der Einleitung bespricht der Verfasser auf eine sehr verständige Weise die Grundsätze, nach welchen die Auswahl der empfohlenen Bücher getroffen worden ist. Es ist dabei nicht mit einem übertriebenen Rigorismus zu Werke gegangen, aber doch so, dass man der katholischen Jugend jedes hier genannte Buch ohne Gefahr in die Hände geben kann. Es sind drei Altersstufen angenommen, als: I. für Kinder bis zu 10 Jahren; II. von 10—14 Jahren; III. für die reifere Jugend. Dazu kommt als Anhang ein sehr schätzbares Verzeichniss von Unterhaltungsschriften für katholische Familien und erwachsene Leser, sowie für Volksbibliotheken. Es bleibt jetzt nur der Wunsch übrig, dass dieses Verzeichniss von den Herren Geistlichen, Lehrern und Eltern recht allgemein benützt werde." (Freib. kathol. Kirchenblatt.)

346 **Roustan, Dr. P.**, französische Lesestücke nebst Wortformen und Wörterbuch. Eine angewandte französische Grammatik für Anfänger, zum Schul- und Selbstunterricht. 8°. (7½ B.) 9 sgr. — 30 kr. — fr. 1. 15.

**Sammlung** historischer Bildnisse. 1.—4. Bändchen. 12°.

347     1. Bändchen: Philipp Howard, Graf von Arundel, und Marc-Anton Bragadino, von *A. F. Rio*. (5⅓ B.) 8 sgr. — 24 kr. — 90 cts.

348     2. Bändchen: Lioba und die frommen angelsächsischen Frauen, von *K. Zell*. (17⅓ B.) 18 sgr. — fl. 1. — fr. 2. 25.

349     3. Bändchen: Tilly im dreissigjährigen Kriege. Nach *Onno Klopp* bearbeitet von *Fr. Keym*. Mit Tilly's Bildniss. (5½ B.) 8 sgr. — 27 kr. — fr. 1.

350     4. Bändchen: Prinz Eugen von Savoyen. Nach *Arneth* bearbeitet von *Fr. Keym*. (13 B.) 16 sgr. — 54 kr. — fr. 2.

351 **Santa Catarina, Dom Sans de**, das goldene Büchlein oder praktische Anleitung zur Demuth, um die christliche Vollkommenheit zu erlangen. Aus dem spanischen Originale übersetzt von J. Hoppe. Zweite Auflage. 16°. (5 B.) 4 sgr. — 12 kr. — 45 cts.; geb. in Leinwand 6 sgr. — 20 kr. — 75 cts.; mit Goldschnitt 8 sgr. — 27 kr. — fr. 1.

352 **Sartorius. W.**, die Quellen des Heils im heiligsten Herzen Jesu.

„In den Betrachtungen wird, wie aus ihrem ursprünglichen Zweck einleuchten muss, kein wissenschaftliches Interesse zunächst verfolgt, sondern ein practisches Ziel in's Auge gefasst. Reihenfolge und Inhalt derselben ist daher von den rein practischen Zwecken einer Retraite, Reinigung, Heiligung und Vereinigung der Seele mit ihrem Gott bedingt. Der innere Zusammenhang, sowie der Gang der einzelnen Betrachtungen wird eben darum einem Jeden klar sein, der den Weg kennt, auf dem, und das Ziel, zu welchem hin die geistlichen Uebungen der Geisteserneuerung sich bewegen. Da es aber wünschenswerth ist, dass eine wissenschaftliche Behandlung des Gegenstandes der practischen Anwendung Bahn breche, so hat der hochwürdigste Herr Bischof **Laurent** die grosse Gewogenheit gehabt, den Betrachtungen eine mehr wissenschaftliche Einleitung vorangehen zu lassen." (Aus der Vorrede.)

**Scharpff**, Dr. F. A., Nicolaus von Cusa's wichtigste Schriften, s. *Nicolaus*.

353 ――― die Entstehung des Kirchenstaates. Geschichtlich pragmatisch dargestellt. 8°. (7 B.) 12 sgr. — 42 kr. — fr. 1. 60.

„Das vorliegende Buch ist klein an Umfang, aber reich an Inhalt, und von den gewöhnlichen Broschüren der Tagesliteratur darin wesentlich verschieden, dass es grossentheils auf eigenen Quellenstudien beruht. Dabei ist aber der sogenannte gelehrte Apparat in die Noten verwiesen, so dass nicht bloss der Historiker oder Theologe vom Fache, sondern jeder Gebildete seine Befriedigung findet, und der eigentliche *Text* für Jeden verständlich und interessant ist." (Theolog. Quartalschrift.)

354 ――― Vorlesungen über die neueste Kirchengeschichte. 2 Hefte. gr. 8°. (28 B.) Thlr. 1. 12 sgr. — fl. 2. 18 kr. — fr. 5. 20.
  1. Heft 15 sgr. — 48 kr. — fr. 1. 80. 2. Heft 27 sgr. — fl. 1. 30 kr. — fr. 3. 40.

„Dieses Buch bildet eine sehr werthvolle Ergänzung jeder geistlichen Bibliothek und eine anziehende Lectüre für jeden gebildeten Mann." (Prediger und Katechet.)

355 **Scheeben**, Dr. M. J., die Herrlichkeiten der göttlichen Gnade, nach P. Eusebius Nieremberg, S. J., frei bearbeitet. Mit Approbation des hochw. erzbischöflichen Generalvicariats zu Köln. Zweite, vermehrte und verbesserte Auflage. 8°. (32¾ B.) Thlr. 1. 6 sgr. — fl. 2. — fr. 4. 50.

Der *Katholik* sagt am Schluss einer ausführlicheren Besprechung dieses Werkes: „Man sieht, dass unser Buch gerade von den Dingen handelt, in welchen so recht eigentlich die Kraft, Schönheit und Liebenswürdigkeit des Christenthums liegt. All' diese Gegenstände aber sind mit theologischer Gründlichkeit und Genauigkeit, mit grosser Tiefe und Innigkeit und mit jener Salbung behandelt, welche die Werke der Heiligen — P. Nieremberg war ein heiligmässiger Mann — kennzeichnet. Dabei sind die schönsten Stellen der heiligen Schrift von der Gnade erklärt und viele der erhabensten Stellen der Kirchenväter dem Texte eingewoben. — Wir sprechen daher unsere Ueberzeugung dahin aus, dass lange kein deutsches Buch auf dem Gebiete der Erbauungsliteratur erschienen ist, das den „Herrlichkeiten der Gnade" an Bedeutung gleichkommt und dem wir so sehr eine grosse Verbreitung wünschen."

356 ――― die Mysterien des Christenthums. Wesen, Bedeutung und Zusammenhang derselben nach der in ihrem übernatürlichen Charakter gegebenen Perspektive dargestellt. Mit hoher oberhirtlicher Approbation. gr. 8°. (49 B.) Thlr. 2. 10 sgr. — fl. 4. — fr. 9.

Das „Schlesische Kirchenblatt" sagt: „In dieser Schrift stellt der Verfasser eine Begriffsdefinition des Mysteriums im Allgemeinen und des christlichen insbesondere in den Vordergrund, und geht dann zu den Mysterien der hl. Dreifaltigkeit Gottes in der ursprünglichen Schöpfung, der Sünde und Erbsünde, des Gottmenschen und seiner Oekonomie, der Eucharistie, der Kirche und ihrer Sacramente, der christlichen Rechtfertigung, der Verklärung und der letzten Dinge, sowie der Prädestination über, während der letzte Abschnitt sich mit der Wissenschaft von den Mysterien des Christenthums beschäftigt. Von den Vätern sind am meisten der hl. Augustinus und Cyrillus von Alexandrien, von Theologen der hl. Thomas, Petavius und Thomassin ausgebeutet; es lässt sich aber auch die gewissenhafte Berücksichtigung neuerer Leistungen nicht verkennen. Möge der durch seine Arbeit über „die Herrlichkeiten der göttlichen Gnade" bereits vortheilhaft bekannte Autor für diess sein neuestes, scharfsinniges und tief durchdachtes Werk Leser nicht bloss unter den Fachgelehrten, sondern in allen denjenigen Kreisen finden, welche Sinn und Interesse für einen tiefern Einblick in die hehren Mysterien unseres heiligen Glaubens besitzen."

357 **Schleiniger**, P. Nic., S. J., Abriss der Rhetorik zum Gebrauche für Gymnasien. 12°. (11$\frac{1}{2}$ B.) 14 sgr. — 48 kr. — fr. 1. 80.

358 \_\_\_\_\_ Grundzüge der Beredsamkeit mit einer Auswahl von Musterstellen aus der classischen Literatur der ältern und neuern Zeit. Zweite, mit Zusätzen bereicherte Auflage. 8°. (24 B.) 28 sgr. — fl. 1. 36 kr. — fr. 3. 60.

359 \_\_\_\_\_ das kirchliche Predigtamt nach dem Beispiele und der Lehre der Heiligen und der grössten kirchlichen Redner. Zweite Auflage. 8°. (50$\frac{1}{2}$ B.) Thlr. 2. — fl. 3. 30 kr. — fr. 7. 90.

360 \_\_\_\_\_ die Bildung des jungen Predigers nach einem leichten und vollständigen Stufengange. Ein Leitfaden zum Gebrauche für Seminarien. Zweite, unveränderte Auflage. gr. 8°. (20$\frac{3}{4}$ B.) 26 sgr. — fl. 1. 30 kr. — fr. 3. 40.

„Nachdem Herr Schleiniger die „Grundzüge der Beredsamkeit" gegeben und darauf „das kirchliche Predigtamt nach dem Beispiele und der Lehre der Heiligen und der grössten kirchlichen Redner" verfasst hatte, war er gewiss vor Allen berufen, auch den „Leitfaden" auszuarbeiten, der dem Unterrichte in dem kirchlichen Predigtamte, wie dieser in den Priester-Seminarien methodisch gegeben werden muss, zu Grunde gelegt werden kann. Ein solcher Leitfaden blieb neben jenen Schriften des geehrten Verfassers noch immer ein Bedürfniss, welches nicht nach der geläufigen Phrase, sondern nach wirklichen Kundgebungen mehrerer Seminare, „dringende Abhülfe verlangte". Wir freuen uns, dass Herr Schleiniger, auf mehrseitige Anregung hin, sich zur Abfassung gegenwärtiger Schrift bewogen fand. *Dieselbe ist, genau dem Zwecke eines Leitfadens der geistlichen Beredsamkeit entsprechend, in Wirklichkeit das, was das Vorwort verspricht: „eine kurze, einfache und doch das Wichtigste umfassende Anleitung", ein wahrhaft methodisches Unterrichtsbuch, welches in den geistlichen Seminarien, die dasselbe in Gebrauch nehmen, nicht nur durch die Sachkenntniss und Kunst, womit es angelegt und ausgearbeitet ist, sondern ebenso sehr auch durch die wohlthuende Wärme und die Liebe zum Gegenstande, die auf jeder Seite den Leser anspricht und fesselt, grossen Nutzen stiften wird."* (Allg. Literatur-Zeitung.)

361 **Schleyer**, Dr. P., Würdigung der Einwürfe gegen die alttestamentlichen Weissagungen an dem Orakel des Jesaia über den Untergang Babels, Kap. 13—14, 23. Zugleich Darlegung eines historischen Irrthums, als seien die alten Babylonier und Chaldäer zwei verschiedene Völker gewesen. 8°. (24$\frac{1}{2}$ B.) Thlr. 1. 5 sgr. — fl. 1. 48 kr. — fr. 4. 5.

362 **Schlosser**, H. F. J., die Kirche in ihren Liedern durch alle Jahrhunderte. Zweite, mit den Originaltexten vermehrte Auflage. Mit dem Bildnisse des Verfassers. 2 Bde. gr. 8°. (63 B.) Thlr. 3. — fl. 5. — fr. 11. 25.

„Die geachtetsten Zeitschriften haben die neue Auflage dieser Sammlung der bedeutendsten und schönsten der lateinischen und griechischen Kirchenlieder als eine der erfreulichsten Erscheinungen der katholischen Literatur begrüsst. Die Uebersetzungen des herrlichen Werkes sind in der zweiten Auflage, wie natürlich, ganz unverändert geblieben, aber gleichwohl tritt uns dasselbe in einer ganz erneuerten Gestalt entgegen. Zunächst sind nämlich dem Werke die Urtexte der kirchlichen Poesien beigegeben worden, und dadurch ist dem Buch ein bedeutend erhöhter Werth verschafft. Ausser dem Urtexte der Kirchenlieder enthält die neue Auflage eine reiche Beigabe wissenschaftlicher Noten. — Zu den vielfachen Anerkennungen, welche dieses Werk gefunden hat, ist in den jüngsten Tagen ein neues Zeugniss hinzugekommen, welches allen andern an Werth vorangeht. Der heilige Vater Pius IX. hat in einem eigenen Breve der hochverdienten Frau Schlosser „Seine grösste Freude" ausgesprochen über die von ihr ausgegangene, hier angekündigte neue Ausgabe der „Kirche in ihren Liedern." (Kathol. Christ.)

363 **Schmitt**, Dr. J., Anleitung zur Ertheilung des Erstcommunicanten-Unterrichts. Mit Approbation des hochwürdigsten Herrn Erzbischofs von Freiburg. Zweite Auflage. 8°. (17 B.) 18 sgr. — fl. 1. — fr. 2. 25.

364 —— Erklärung des kleinen Deharbe'schen Katechismus. Mit Approbation des hochw. Herrn Erzbischofs von Freiburg. Zweite Auflage. 8°. (17½ B.) 18 sgr. — fl. 1. — fr. 2. 25.

„Unserm Wunsche gemäss hat der Hochw. Herr Repetitor *Jakob Schmitt* zu St. Peter, dessen Tüchtigkeit in katechetischen Arbeiten durch seine „Anleitung zur Ertheilung des Erstcommunicanten-Unterrichts" bereits erprobt und allgemein anerkannt ist, eine „*Erklärung des kleinen Deharbe'schen Katechismus*" verfasst. Der bereits ertheilten Approbation fügen Wir hiermit eine besondere Empfehlung an unsern Hochw. Curat-Clerus bei, welchem diese sehr gelungene, ihrem Zweck ganz entsprechende Schrift in seiner katechetischen Berufsthätigkeit grosse Hilfe und Erleichterung bieten wird. Auch Eltern, Lehrern, Erziehern, Allen, welche an der religiös-sittlichen Bildung der Kinder mitzuwirken haben, dürfte diese ebenso klare als herzliche Katechismus-Erklärung bestens empfohlen werden."

*Freiburg*, den 16. Januar 1867.    † *Hermann*, Erzbischof von Freiburg.

Die Erklärung des „*Katechismus für die mittlere und höhere Klasse* von *P. Deharbe*" erscheint 1869.

365 **Schmöger**, P. K. E., das Leben der gottseligen Anna Katharina Emmerich. Erster Band. Vom Jahre 1774 bis 1819. Mit Erlaubniss der Ordensobern und mit Approbation des hochw. Herrn Bischofs von Limburg. Mit einem Stahlstich von Eduard Steinle. 8°. (20 B.) Thlr. 1. 8 sgr. — fl. 2. 12. — fr. 4. 70.

Der zweite (Schluss-) Band erscheint 1869.

„Auch der Verfasser der vorliegenden Lebensgeschichte würde mit der von Clemens Brentano im Jahre 1833 beim ersten Erscheinen „*des bittern Leidens*" gebotenen kurzen Lebensskizze sich begnügt haben, würde ihm nicht ein theurer Freund, *Domdechant Dr. Krabbe*, zu unbeschränkter Benützung aller Originalakten der im Jahre 1813 über Anna Katharina verhängten kirchlichen Untersuchung verholfen und ihn später nach Dülmen, Koesfeld und Flamske begleitet haben, um von den noch lebenden Zeitgenossen und näheren Bekannten Anna Katharina's Mittheilungen über ihr Leben einzusammeln. — Durch sorgfältigste Benützung der Untersuchungsakten, welche Clemens Brentano nie zu Gesicht bekommen hatte, wurde es dem Verfasser möglich, seiner Darstellung so gewichtige Zeugnisse zu Grunde zu legen, wie sie in höherem Grade keine Lebensgeschichte einer anderen, ähnlich hochbegnadigten Persönlichkeit besitzen kann." (Aus dem Vorwort.)

366 **Schneemann**, G., S. J., Studien über die Honorius-Frage. 8°. (4½ B.) 9 sgr. — 30 kr. — fr. 1. 15.

—— die Irrthümer über die Ehe, s. „*Encyclica III*".
—— die Freiheit und Unabhängigkeit der Kirche, s. „*Encyclica VI*".
—— die kirchliche Gewalt und ihre Träger, s. „*Encyclica VII*".
—— der Papst, das Oberhaupt der Gesammtkirche, s. „*Encyclica VIII*".
—— die kirchliche Lehrgewalt, s. „*Encyclica X*".

367 **Schrader**, C., S. J., Theses theologicae quas in Vindobonensi academia synopsis instar auditoribus tradidit. Series I. et II. kl. 4°. (19 B.) Jede Serie 16 sgr. — 54 kr. — fr. 2.

368 —— de unitate Romana commentarius. Liber I. διδακτικός. kl. 4°. (28 B.) Thlr. 1. 10 sgr. — fl. 2. 15 kr. — fr. 5. 5.

369 **Schriften**, die heiligen, des alten und neuen Testaments, bestehend aus 200 in Kupfer gestochenen Abbildungen nach den besten Meistern. Text fehlt; die Abbildungen allein Thlr. 3. — fl. 5. 24 kr. — fr. 12. 15.

370 **Schrödl**, Dr. K., Votum des Katholicismus und katholischer Weltconsens über die Wichtigkeit und Nothwendigkeit der weltlichen Herrschaft und Souveränität des hl. Stuhles sammt einer Geschichte der Entstehung des Kirchenstaates und der weltlichen Souveränität der Päpste. gr. 8°. (11½ B.) 18 sgr. — fl. 1. — fr. 2. 25.

In dem ersten Theile bespricht der Verfasser kurz die „innige Verbindung der weltlichen Souveränität der Päpste mit der Würde, Majestät und Universalität des hl. Stuhles, sowie mit der wirklichen und wirksamen, freien und unabhängigen Ausübung des päpstlichen Primates", schildert dann die Bemühungen der Päpste für die Erhaltung ihrer Souveränität seit dem achten Jahrhundert und stellt darauf Erklärungen des Papstes, der Bischöfe, hervorragender Schriftsteller und Staatsmänner und überhaupt der Katholiken der neuern Zeit zu Gunsten der weltlichen Herrschaft des Papstes zusammen. Der zweite Theil der Schrift gibt eine „Geschichte der Entstehung des Kirchenstaates und der weltlichen Souveränität des hl. Stuhles".

371 **Schuster**, Dr. J., biblische Geschichte des alten und neuen Testaments für katholische Volksschulen. Mit 112 Abbildungen und einer Karte. Mit dreiunddreissig Approbationen und einem päpstlichen Belobungsschreiben. Wiederholte Auflagen von 1858 bis 1868. 12°. (11⅙ B.) Ausgabe I. auf feines Papier 10 sgr. — 30 kr. — fr. 1. 15; elegant geb. 14 sgr. — 42 kr. — fr. 1. 60; (Schul-) Ausgabe II. auf gewöhnliches Papier, roh, in Partien 4½ sgr. — 15 kr. — 55 cts.; in Pappe geb. Rücken und Ecken Leinwand 5½ sgr. — 18 kr. — 65 cts.

*Für Oesterreich besteht ein besonderer amtlich eingeführter Abdruck zu folgenden Preisen:* Ausgabe I. auf feines Papier 70 kr. ö. W. B., elegant geb. 90 kr. ö. W. B. Schulausgabe II. auf gewöhnliches Papier roh 34 kr. ö. W. B., geb. 44 kr. ö. W. B.

Probe der Illustration: Die Herabkunft des hl. Geistes.

372 **Schuster**, Dr. J., biblische Geschichte des alten und neuen Testaments im Auszuge für katholische Volksschulen. Mit einer Karte von Palästina und Aegypten. (Ohne Bilder.) Mit fünfzehn Approbationen." Wiederholte Auflagen von 1848—1868. 12⁰. (13 B.) Ausgabe I. auf feines Papier 10 sgr. — 30 kr. — fr. 1. 15; Ausgabe II. auf gewöhnliches Papier, in Partien 5 sgr. — 15 kr. — 55 cts.; in Pappe geb. 6¼ sgr. — 19 kr. — 70 cts.

373 ——— kurze biblische Geschichte. Mit 45 in den Text gedruckten Bildern. Zum Gebrauche für die untern Klassen der Volksschulen. Mit Approbation des Hochw. Erzbischofs von Freiburg. Zweite, unveränderte Auflage. 16⁰. (3 B.) Ausgabe I. auf feines Papier 3 sgr. — 10 kr. — 40 cts.; geb. 4 sgr. — 12 kr. — 45 cts.; (Schul-) Ausgabe II. roh 2 sgr. — 6 kr. — 25 cts.; geb. 2½ sgr. — 7½ kr. — 25 cts.

Derselbe Text ist in Querfolio (ohne Holzschnitte) als Beilage zur „*Bilder-Bibel*" erschienen. 4 sgr. — 12 kr. — 45 cts.

374 ——— Handbuch der biblischen Geschichte des Alten und Neuen Testaments. Für den Unterricht in Kirche und Schule, sowie zur Selbstbelehrung. Mit vielen Holzschnitten und Karten. 2 Bde. gr. 8⁰. (87 B.) Thlr. 4. 6 sgr. — fl. 7. — fr. 15. 75.

Probe der Illustration: Israelitisches Opfer (I. Band S. 288).

„Nicht nur dass vorliegendes Werk vom Geiste ächter Wissenschaftlichkeit durchdrungen, ist es auch im höchsten Grade geeignet, zu erbauen; und wenn es auch durchaus fasslich geschrieben, so bietet es dennoch über alle einschlägigen dogmatischen, moralischen, geschichtlichen, geographischen und culturhistorischen Fragen ausführliche Belehrung. Ja gerade in letzterer Beziehung vermag es, wie kein anderes ähnliches Werk, dem Leser das Leben der alten Völker zum Verständniss zu bringen, indem die alten Bauwerke, Sculpturen, Gemälde, die Statuen der Gottheiten und die Bilder der Hieroglyphen in gelungenen Holzschnitten ebenso getreu wiedergegeben sind, als die uns heiligen Orte mit den Denkmälern vorchristlicher und christlicher

375 **Schuster,** Dr. J., kleiner Katechismus der katholischen Religion für die zwei untern Schulklassen. Mit erzbischöflichen und bischöflichen Approbationen. Wiederholte Auflagen von 1846—1868. 12⁰. (3 B.) Ausgabe I. auf feines Papier 3 sgr. — 9 kr. — 35 cts.; Ausgabe II. auf gewöhnliches Papier, in Partien roh 1⅓ sgr. — 4 kr. — 15 cts.; in Pappe geb. 2 sgr. — 6 kr. — 25 cts.
  Für die Diöcese Rottenburg bestehen, als Diöcesan-Katechismen eingeführte, Separat-Ausgaben zu den gleichen Preisen.

376 ——— Katechismus der katholischen Religion. Mit erzbischöflichen und bischöflichen Approbationen. Wiederholte Auflagen von 1845 bis 1868. 12⁰. (7⅙ B.) Ausgabe I. auf feines Papier 8 sgr. — 24 kr. — 90 cts.; Ausgabe II. auf gewöhnliches Papier, in Partien, roh 3 sgr. — 9 kr. — 35 cts.; in Pappe geb. 4 sgr. — 12 kr. — 45 cts.

377 ——— katechetisches Handbuch oder fassliche und gründliche Unterweisung der Jugend in der katholischen Religion. Unter Zugrundlegung seines grossen und kleinen Katechismus, zugleich aber zum Gebrauche für jeden andern Katechismus. Dritte, beziehungsweise vierte Auflage. 5 Bde. gr. 8⁰. (152½ B.) Thlr. 6. 6 sgr. — fl. 10. 24 kr. — fr. 23. 40.

„Wenn wir das ganze Handbuch überschauen, so können wir es unbedenklich als das beste unter den vorhandenen Werken dieser Art empfehlen. Es bietet den Katecheten hinreichenden Stoff, ist klar, einfach und bestimmt in den Begriffen, die es entwickelt, verbindet überall das practische mit dem theoretischen Momente, hält sich strenge an die Lehren und Bestimmungen der heiligen Kirche, schenkt der Ascese die gebührende Berücksichtigung und widerlegt mit grosser Gewandtheit die Einwürfe, welche namentlich gegen die Controverspunkte des Glaubens, oder gegen Lebenserscheinungen und Gebilde des kirchlichen Geistes gemacht werden, wie z. B. gegen die geistlichen Orden, gegen die Bruderschaften, das Wallfahrten, die Ceremonien etc. Bei diesen seinen zahlreichen Vorzügen ist nicht zu zweifeln, dass es eine grosse Verbreitung finden und reichen Segen stiften werde." (Sion.)

378  I. Bd. (22⅛ B.) 25 sgr. — fl. 1. 24 kr. — fr. 3. 15.
379  II. Bd. (24⅝ B.) Thlr. 1. — fl. 1. 36 kr. — fr. 3. 60.
380  III. Bd. (34⅞ B.) Thlr. 1. 12 sgr. — fl. 2. 18 kr. — fr. 5. 20.
381  IV. Bd. (49½ B.) Thlr. 2. 6 sgr. — fl. 3. 48 kr. — fr. 8. 55.
382  V. Bd. (21¼ B.) 23 sgr. — fl. 1. 18 kr. — fr. 2. 95.
  Der V. Band enthält die Auslegung des kleinen Katechismus für die untern Schulklassen und ist auch als für sich bestehendes Werk erschienen u. d. T.:

383 ——— kleines katechetisches Handbuch. Enthaltend den ersten Unterricht von Gott für die untere und die Erklärung des kleinen Katechismus für die mittlere Schulklasse. Vierte Auflage. gr. 8⁰. (21¼ B.) 23 sgr. — fl. 1. 18 kr. — fr. 2. 95.

384 **Schweitzer,** J., fromme Lieder für drei Singstimmen. Zunächst zum Gebrauch der Jugend. Mit erzbischöflicher Approbation. 16⁰. (2 B.) 2½ sgr. — 8 kr. — 30 cts.

385 ——— geistliche Lieder für Sopran, Alt, Tenor und Bass. 4⁰. (10 B.) Partitur 6 sgr. — 18 kr. — 70 cts.; jede der vier Stimmen 3 sgr. — 9 kr. — 35 cts.

386 ——— religiöse Männerchöre. 16⁰. (5½ B.) Partitur 2 sgr. — 6 kr. — 25 cts.; jede der vier Stimmen 1½ sgr. — 4 kr. — 15 cts.

387 ——— sechs Singmessen für Sopran, Alt, Tenor und Bass. Mit

einzelne Stimmen und Orgelbegleitung) Thlr. 2. 12 sgr. — fl. 4. 12 kr. — fr. 9. 45; ohne Orgelstimme Thlr. 2. 2 sgr. — fl. 3. 36 kr. — fr. 8. 10; die einzelne Messe 13 sgr. — 45 kr. — fr. 1. 70; vier Stimmen zusammen 4½ sgr. — 15 kr. — 55 cts.

388 **Seeauer, B.**, kurze Betrachtungen über das allerheiligste Sacrament des Altars für jede Woche des Jahrs. Mit einem Anhange, enthaltend die gewöhnlichsten Andachtsübungen. 12°. (10⅓ B.) 11 sgr. — 36 kr. — fr. 1. 35.

389 **Sherry, J. M.**, Ahasistari's, des Huronen-Häuptlings, Treue. Eine Erzählung aus den Indianer-Missionen von Nordamerika. Nach dem Englischen von *J. J. Menge.* kl. 8°. (12½ B.) 12 sgr. — 42 kr. — fr. 1. 60.

390 **Simar, Th.**, die Theologie des heil. Paulus. Uebersichtlich dargestellt. 8°. (15⅝ B.) 24 sgr. — fl. 1. 18 kr. — fr. 2. 95.

„Wir müssen anerkennen, dass der Verfasser seiner Aufgabe mit grossem Fleiss und Geschick nachgekommen ist. Die verwandte Literatur ist durchgehends gebührend berücksichtigt, die Erklärung mancher Stellen wissenschaftlich sicher gestellt und zum Theil neu begründet, viele irrige Auslegungen und Deutungen sind berichtigt oder zurückgewiesen, und so gestehen wir gerne, dass durch diese Schrift auch die wissenschaftliche Exegese in Wirklichkeit gefördert worden. Wir verzichten billigerweise darauf, mit dem Verfasser über einzelne Stellen rechten zu wollen und empfehlen schliesslich Simars Schrift angelegentlichst nicht bloss angehenden Theologen, für welche sie zunächst ausgearbeitet wurde, sondern auch weiteren Kreisen zur Beachtung." (Allg. Literatur-Zeitung.)

391 ———— Lehrbuch der katholischen Moraltheologie. Mit Approbation des hochw. Herrn Erzbischofs von Freiburg. gr. 8°. (25 B.) Thlr. 1. 7½ sgr. — fl. 2. 6 kr. — fr. 4. 75.

„Herr Simar hat nicht nur die Aufgabe seines „Lehrbuches" richtig erfasst, sondern sich auch redlich bemüht, dieser Aufgabe in genügender Weise zu entsprechen. Seine Darstellung zeichnet sich vor den andern Lehrbüchern der Moral, welche in der neueren Zeit von Sailer, Hirscher, Stapf, Riegler, Klee, Lomb, Probst, Martin, Werner, Fuchs, Jocham, Dieckhoff, Bittner, Hähnlein, Fricker, Friedhoff, Rieter verfasst wurden, dadurch aus, dass unter dem Texte in reichlichen Noten die massgebenden Quellen angeführt und zahlreiche Hinweisungen auf die verwandte Literatur, bis in die neueste Zeit herab, gegeben werden. Dadurch wird es dem Studirenden möglich, nicht nur über die einzelnen Punkte der Darstellung sich an dem gewiesenen Orte weitere Belehrung zu holen, sondern derselbe gewinnt auch Einsicht in die Literatur dieser Wissenschaft und einen Begriff von der reichhaltigen und grossen Aufgabe, welche der Moraltheologie immerfort zur Lösung gestellt ist. Wir stehen nicht an, dem Verfasser zu bezeugen, dass seine Methode dem heutigen Stande der Wissenschaft gerecht ist, und dass er sich bemüht hat, seiner Disciplin zu demselben Fortschritt zu verhelfen, dessen sich andere theologische Disciplinen schon länger erfreuen. Viele Ungenauigkeiten, in exegetischer und patristischer Hinsicht, welche in anderen Lehrbüchern herkömmlich fortgeschleppt werden, sind von ihm theils vermieden, theils berichtigt. Ein genaues und vollständiges „Sachregister" ist zum Schlusse beigegeben. (Allgem. Literatur-Zeitung.)

392 **Sintzel, M.**, Vollständige Anleitung zur christlichen Vollkommenheit. Aus den Schriften der heiligen Väter und Geisteslehrer der katholischen Kirche zusammengestellt. Neue Ausgabe in 6 Bänden und Registerband. Mit 7 Titelbildern. gr. 8°. (388 B.) Ermässigter Preis: Thlr. 4. — fl. 7. — fr. 15. 75.

**Sonntagsfreude.** Herausgegeben von *J. A. Pflanz.* Jahrgang 1863, 1864, 1865 und 1866. Mit je 150 Illustrationen. 4°. (Je 55—60 B.)

393 Die Jahrgänge 1863 und 1865 in je einem Band: Thlr. 1. 6 sgr. — fl. 2. — fr. 4. 40; geb. in Leinwand mit Goldtitel: Thlr. 1. 24 sgr. — fl. 3. — fr. 6. 75.

394 **Sonntagsfreude.** Die Jahrgänge 1864 und 1866 in je einem Band: 24 sgr. — fl. 1. 24 kr. — fr. 3. 15; geb. in Leinwand mit Goldtitel: Thlr. 1. 12 sgr. — fl. 2. 24 kr. — fr. 5. 40.

395 **Sonntagskalender** für Stadt und Land. Erster Jahrgang. 1860. Von *Fridolin Klar.* 4°. (4 B.) 3 sgr. — 8 kr. — 30 cts.

396 ——— für Stadt und Land. Zweiter Jahrgang. 1861. Von Pfarrer *Herzog.* Mit Holzschnitten. 4°. (3 B.) 3 sgr. — 8 kr. — 30 cts.

397 ——— für Stadt und Land. Dritter Jahrgang. 1862. Vom Verfasser der badischen Vetter. Mit Holzschnitten. 4°. (3 B.) 3 sgr. — 8 kr. — 30 cts.

398 ——— für Stadt und Land. Vierter Jahrgang. 1863. Mit Illustrationen. 4°. (3 B.) 3 sgr. — 8 kr. — 30 cts.

Für 1864 ist der „Sonntagskalender" nicht erschienen.

399 ——— für Stadt und Land. Fünfter Jahrgang. 1865. Mit Illustrationen. 4°. (3 B.) 3 sgr. — 8 kr. — 30 cts.

400 ——— für Stadt und Land. Sechster Jahrgang. 1866. Mit Illustrationen. 4°. (3 B.) 3 sgr. — 8 kr. — 30 cts.

401 ——— für Stadt und Land. Siebenter Jahrgang. 1867. Mit Illustrationen. 4°. (3 B.) 3 sgr. — 8 kr. — 30 cts.

402 ——— für Stadt und Land. Achter Jahrgang. 1868. Mit Illustrationen. 4°. (3 B.) 3 sgr. — 8 kr. — 30 cts.

Vgl. „*Kalender f. Zeit u. Ewigkeit*", an dessen Stelle der Sonntagskalender getreten ist.

403 **Speil**, Dr. F., die Lehren der katholischen Kirche gegenüber der protestantischen Polemik. gr. 8°. (22¾ B.) Thlr. 1. 10 sgr. — fl. 2. 12 kr. — fr. 4. 95.

„Das vorstehend genannte Buch verdient aus der Reihe der neuesten Erscheinungen auf dem Gebiete der theologischen Literatur als ein *ausgezeichnetes Werk* besonders hervorgehoben zu werden. Speil hat das „*Handbuch der protestantischen Polemik gegen die römisch-katholische Kirche*" von *Hase* als Gegner in's Auge gefasst, folgt demselben, wie er in der Vorrede sagt, Schritt für Schritt, und lässt keine seiner Behauptungen, die irgend von Belang ist, unerörtert. Hr. Hase hat in der That in seinem Buche so ziemlich Alles gesammelt, was nur ein Protestant gegen die katholische Kirche sagen kann. Er ist sich auch bewusst, „dass er gemeinsame Gedanken des Protestantismus in die Schlachtordnung geführt und insofern im Namen der protestantischen Kirche geschrieben habe." Speil widerlegt nun diese Quintessenz der Polemik des Protestantismus, wie sie heutigen Tages sich gestaltet hat und von einem berühmten Professor und kenntnissreichen Gelehrten in einem dicken Buche dargestellt wird. Die Speil'sche Schrift ist in *drei Bücher* eingetheilt. Das *erste* handelt von der Kirche und enthält sieben Kapitel: 1. Die katholische Kirche und der Protestantismus. 2. Die Einheit der Kirche. 3. Die Unfehlbarkeit der Kirche. 4. Die alleinseligmachende Kirche. 5. Tradition und hl. Schrift. 6. Das Priesterthum. A. Allgemeines und besonderes Priesterthum. B. Der Episcopat. C. Der Cölibat. 7. Das Papstthum. Das *zweite* Buch ist überschrieben: Von den Mitteln, zum Heile zu gelangen. In neun Kapiteln behandelt es den Glauben und die guten Werke, die evangelischen Räthe, Klosterleben und Heiligenverehrung, den Marienkultus, die Sakramente im Allgemeinen, die Taufe, Firmung, Busse, Abendmahl, Ehe und letzte Oelung. Im *dritten* Buche finden wir Abhandlungen über den Cultus, über Kunst und Wissenschaft in der katholischen Kirche und über Kirche und Staat." (Westfäl. Kirchenblatt.)

404 **Stände**, die alten und die neuen. 8°. (9 B.) 18 sgr. — 54 kr. — fr. 2.

405 **Statuten** des Vereins vom hl. Vincenz von Paul, nebst den Ablässen, welche von Papst Gregor XVI. sowohl den wirklichen Mit-

gliedern als den Theilnehmern des Vereins verliehen worden sind. Zweite Auflage. 16⁰. (2⅛ B.) 2 sgr. — 6 kr. — 25 cts.

406 **Steck, Fr. X.**, der heilige Kreuzweg oder zwölf verschiedene Arten, die Kreuzwegandacht zu verrichten. Nach dem Französischen. Mit erzbischöflicher Approbation. 12⁰. (5 B.) 5 sgr. — 15 kr. — 55 cts.

407 **Stimmen** der Wahrheit gegen Irrthum und Lüge. (Die italienische Frage etc. betr.) 6 Hefte in einem Band. 8⁰. (10 B.) 12 sgr. — 36 kr. — fr. 1. 35. Jedes Heft einzeln 2 sgr. — 6 kr. — 25 cts.

**Stimmen** aus Maria-Laach, s. „*Encyclica*".

408 **Stolz, A.**, Akazienzweig für die Freimaurer. Zweite Auflage mit einigen Neuigkeiten. 12⁰. (2½ B.) 3 sgr. — 9 kr. — 35 cts.

409 —— katechetische Auslegung des Freiburger Diöcesan-Katechismus (Hirscher'schen Katechismus) für Geistliche, Lehrer und Eltern. Nebst einem Vorworte von *J. B. von Hirscher*. Zweite, beziehungsweise dritte Auflage. 3 Bde. 8⁰. (75 B.) Thlr. 3. — fl. 4. 27 kr. — fr. 10.

410 —— Besuch bei Sem, Cham und Japhet, oder Reise in das heilige Land. Dritte Auflage, um ein gutes Stück vermehrt. 12⁰. (23⅔ B.) Thlr. 1. 6 sgr. — fl. 2. — fr. 4. 50.

411 —— Diamant oder Glas. Allen Christen zum Betrachten vorgelegt. Zwölfte Auflage. 12⁰. (1⅔ B.) 2 sgr. — 6 kr. — 25 cts.

412 —— der papierene Fels des Herrn Schenkel. Dritte Auflage von „Klinge ohne Heft". 8⁰. (4 B.) 5 sgr. — 15 kr. — 55 cts.

—— Kalender für Zeit und Ewigkeit; einzelne Jahrgänge 1843 bis 47, 1858 u. 1859, 1864, s. „*Kalender*".

Probe der Illustration: „Du trägst dein eigenes Bild in der Hand; diese Blüthe und deine Schönheit währt nicht lang; bald ist's mit beiden fertig." (Kompass, S. 81.)

**Sammelausgaben der Kalender für Zeit und Ewigkeit von Alban Stolz.**

413 ——— das Vaterunser. K. f. Z. u. E. Jahrgang 1845, 1846, 1847 in einem Bande. Mit Holzschnitten. 8°. 12 sgr. — 36 kr. — fr. 1. 35; gut geb. 16 sgr. — 48 kr. — fr. 1. 80. Ausgabe auf feines Papier 15 sgr. — 45 kr. — fr. 1. 70; elegant geb. 23 sgr. — fl. 1. 9 kr. — fr. 2. 60.

414 ——— das Vaterunser und der unendliche Gruss. K. f. Z. u. E. Jahrgang 1845, 1846, 1847 und 1858 in einem Bande. Mit Holzschnitten. 8°. 16 sgr. — 48 kr. — fr. 1. 80; gut geb. 20 sgr. — fl. 1. — fr. 2. 25. Ausgabe auf feines Papier 20 sgr. — fl. 1. — fr. 2. 25; elegant geb. 28 sgr. — fl. 1. 24 kr. — fr. 3. 15.

415 ——— Kompass für Leben und Sterben. K. f. Z. u. E. Jahrgang 1843, 1844, 1859 in einem Bande. Mit Holzschnitten. 3. Auflage. 8°. 12 sgr. — 36 kr. — fr. 1. 35; gut geb. 16 sgr. — 48 kr. — fr. 1. 80. Ausgabe auf feines Papier 15 sgr. — 45 kr. — fr. 1. 70; elegant geb. 23 sgr. — fl. 1. 9 kr. — fr. 2. 60.

416 ——— der Kreuzzug gegen den Welschen. (1859.) Fünfte Auflage. 8°. (1 B.) 1 sgr. — 3 kr. — 15 cts.

——— die hl. Elisabeth. Ein Buch für Christen. Vermehrte und verschönerte Auflage. Erlös zu wohlthätigem Zweck.

417 *Pracht-Ausgabe* mit Holzschnitten, Photographie und Stahlstich. gr. 8°. (27½ B.) Thlr. 2. — fl. 3. 30 kr. — fr. 7. 90.

418 *Gewöhnliche Ausgabe* in dritter vermehrter Auflage. 8°. (21⅔ B.) Thlr. 1. — fl. 1. 45 kr. — fr. 3. 95 cts.

„Eine der merkwürdigsten Heiligen-Biographien und jedenfalls die schönste, anmuthigste und erhabenste aus allen jenen, die in neuerer Zeit geschrieben worden, ist die der hl. Elisabeth von A. Stolz. Ein Christ kann dieses Buch nicht ohne tiefe Rührung lesen, und hat er es durchgelesen, so wird er es nicht ohne Wirkung auf seinen Seelenzustand aus der Hand legen. Diese Heiligen-Biographie ist ein ascetisches und zugleich ein sprachliches Meisterwerk —; so aus der Tiefe des christlichen Gemüthes heraus kann kein Schriftsteller gegenwärtiger Zeit schreiben, darin hat Alban Stolz Alle übertroffen. Das Buch ist eine Zierde der katholischen Literatur und zugleich ein deutsches Sprachdenkmal — es wird Jahrhunderte überdauern und nach Jahrhunderten noch gesucht werden." (Wiener Kirchenzeitung.)

419 ——— der Mensch und sein Engel. Ein Gebetbuch für katholische Christen. Mit Approbation des hochwürdigsten Herrn Erzbischofs von Freiburg. Zweite Auflage. 12°. (12½ B.) Feine Ausgabe. Mit einem Stahlstich. 15 sgr. — 48 kr. — fr. 1. 80; fein geb. in Leder mit Goldschnitt Thlr. 1. 2 sgr. — fl. 1. 45 kr. — fr. 3. 95 cts.; in Leinwand mit Goldschnitt 25 sgr. — fl. 1. 24 kr. — fr. 3. 15; gewöhnliche Ausgabe 10 sgr. — 30 kr. — fr. 1. 15; geb. 15 sgr. — 48 kr. — fr. 1. 80.

420 ——— Legende oder der christliche Sternhimmel. Vierte Auflage mit Bildern. Mit bischöflicher Approbation. Vollständig in 10 Lieferungen oder einem Band. 4°. (114 B.) Feine Ausgabe: Thlr. 4. — fl. 6. — fr. 13. 50; gewöhnliche Ausgabe: Thlr. 2. 20 sgr. — fl. 4. — fr. 9.

421 Eigens für dieses Werk: Einbanddecken mit Goldverzierung in Schafleder: 24 sgr. — fl. 1. 24 kr. — fr. 3. 15. Kalbleder: Thlr. 1. 12 sgr. — fl. 2. 24 kr. — fr. 5. 40.

Probe der Illustration: Der hl. Wolfgang. (Legende, S. 740.)

Einer der ersten christlichen Künstler unserer Zeit, Herr *Eduard Steinle*, schreibt an die Verlagshandlung über die Bilder: „Es gereicht der Verlagshandlung zum grossen Verdienst, den ausgezeichneten Text des Buches in künstlerischer Beziehung so vortrefflich ausgestattet zu haben. Ich finde die Bilder durchaus gesund, für das Volk verständlich und zugleich anziehend und interessant. Besonders trefflich fand ich St. Antonius und die hl. Lidwina von Schiedam. Dass endlich einmal hier der Holzschnitt als das, was er seiner Natur nach sein soll, behandelt ist, scheint mir nicht minder erfreulich."

122 **Stolz, A.**, Légendes ou vies des Saints. Traduites de l'allemand.

Ouvrage orné de cent gravures sur bois. 13 Lieferungen. 4°. (ca. 130 B.) Preis jeder Lieferung 8 sgr. — 28 kr. — fr. 1.
Diese Uebersetzung wird bis Ostern 1869 vollständig erscheinen.

„Nous avons fait examiner l'ouvrage qui a pour titre: *Légendes ou vies des Saints* par *M. Alban Stolz.* Ce livre ne renferme rien de contraire à la doctrine de l'Eglise; Nous le croyons même très-propre à édifier tous ceux qui le liront.
Strasbourg, ce 13 Août 1867. ✝ *André*, év. de Strasbourg."

423 **Stolz, A.**, Mörtel für die Freimaurer. Vierte Auflage, abermals mit Zusätzen. 12°. (2⅚ B.) 3 sgr. — 9 kr. — 35 cts.

424 ───── Predigt zur Fahnenweihe des katholischen Gesellenvereins in Luzern. Sonntag den 3. August 1862. Zweite Auflage. 12°. (1 B.) 2 sgr. — 6 kr. — 25 cts.

425 ───── Predigten für den Gesellenbund. Der Baum und der Mensch. Splitter vom Kreuz. Dritte Auflage. 12°. (1¾ B.) 4 sgr. — 12 kr. — 45 cts.

426 ───── der Schmerzensschrei im Durlacher Rathhaus begutachtet. (Betrifft die bad. Convention mit Rom.) 8°. (1 B.) 1 sgr. — 3 kr. — 15 cts.

427 ───── siebenzehn nothwendige Fragen und Antworten. (Betrifft die Schulfrage.) 8°. (1 B.) ⅓ sgr. — 1 kr. — 5 cts.

428 ───── Spanisches für die gebildete Welt. Sechste Auflage, mit etwas Türkischem. 8°. (24¼ B.) 27 sgr. — fl. 1. 30 kr. — fr. 3. 40.

429 ───── Warnung vor einer drohenden Gefahr, von einem ehemaligen Schulmann. (Anonym erschienen; betrifft die Schulfrage.) Zweite Auflage. 8°. (1 B.) ⅓ sgr. — 1 kr. — 5 cts.

430 ───── was der Kirchhof predigt. Vorgetragen zu Königshofen. (Erweitert.) kl. 8°. (1 B.) 2 sgr. — 6 kr. — 25 cts.

431 ───── der Wechselbalg, womit Baden und Oesterreich aufgeholfen werden soll. (Gegen die Civilehe.) Dritte Auflage. 8°. (1 B.) 1 sgr. — 3 kr. — 15 cts.

432 ───── Witterungen der Seele. Honorar zu christlichem Zweck. Zweite Auflage. 8°. (35½ B.) Thlr. 1. 10 sgr. — fl. 2. 20 kr. — fr. 5. 25.

„Die *Witterungen der Seele* sind ein Tagebuch der Seele des Verfassers, welches sein Denken, Ringen und Streben, die natürlichen und übernatürlichen Bewegungen seines Innersten mit einer unvergleichlichen Frische und Lauterkeit abspiegeln. Jener feine Egoismus, jene sich selbst glorificirende Eitelkeit der modernen Selbstbiographie aber ist dem Wesen desselben gänzlich fremd, wohl aber erheben sich die Schilderungen seines innerlichen Lebens und seines Verkehres mit Gott nicht selten zu einer Höhe, dass sie an die Confessionen des heiligen Augustin erinnern. Allerdings sind die Witterungen der Seele im höchsten Grade subjectiv, aber weil die Seele, welche uns hier in ihrer originellen Eigenthümlichkeit entgegentritt, eine so durchaus natürliche Menschenseele, eine so redliche und lautere Christenseele ist und weil sie das Leben der Natur, wie das Menschenleben und das Leben der Kirche mit so wahrem und klarem Auge betrachtet, so scheint uns das so subjective Tagebuch nichtsdestoweniger eine grosse Objectivität zu besitzen. Für Unzählige wird das Buch eine Seelenerquickung sein, für andere aber wird es noch mehr sein: ein Wegweiser zu Christus und seiner Kirche." (Der Katholik.)

433 ───── Porträt. Lithographie. 4°. 11 sgr. — 36 kr. — fr. 1. 35.

434 ───── dasselbe, Photographie. Verschiedene Aufnahmen nach der Lithographie, nach der Büste und nach dem Leben. Visitenkartenformat. 10 sgr. — 36 kr. — fr. 1. 35.

435 **Stolz, A.**, Porträt. Photographie. Quartformat. Aufnahme nach dem Leben. Thlr. 1. — fl. 1. 30 kr. — fr. 3. 40.

436 **Sulzer, Dr. J. A.**, Wahrheit in Liebe, in Briefen über Katholicismus und Protestantismus an den Herrn Dr. Joh. Heinrich Jung genannt Stilling, wie auch andere protestantische christliche Brüder und Freunde. Neue Ausgabe. 8°. (15 B.) 11 sgr. — 36 kr. — fr. 1. 35.

437 **Szadowski**, Makrina Mieczyslawska, Aebtissin des Basilianerinnen-Klosters von Minsk. Eine geschichtliche Episode aus den Verfolgungen der katholischen Kirche in Russland. Nach dem französischen Original bearbeitet. 12°. (3$\frac{1}{6}$ B.) 4 sgr. — 12 kr. — 45 cts.

438 **Tabula** directiva pro sanctissimo missae sacrificio. Epitome praecipuarum ceremoniarum missae planae; Tabella pro missis votivis recte ordinandis. 2 Tafeln. 4 sgr. — 12 kr. — 45 cts.

439 **Testamentum Novum** vulgatae editionis Sixti V. et Clementis VIII. Pontt. maxx. jussu recognitum. Editum secundum exemplar Romae impressum cura R. P. Vercellone. 12°. (22$\frac{3}{4}$ B.) 26 sgr. — fl. 1. 30 kr. — fr. 3. 40.

Diese Ausgabe ist typographisch **ganz vorzüglich** ausgestattet und sehr correct.

440 **Theiner, A.**, die zwei allgemeinen Concilien von Lyon 1245 und von Konstanz 1414 über die weltliche Herrschaft des heiligen Stuhles in Betracht gezogen. Mit bisher noch nicht veröffentlichten historischen Documenten. Aus dem Italienischen übersetzt (von Bischof *Fessler*). 12°. (3$\frac{1}{2}$ B.) 6 sgr. — 18 kr. — 70 cts.

441 **Thiery, J.**, kurze katechetische Erklärung des Wissenswürdigsten von den äusseren Gebräuchen der katholischen Kirche, zunächst bearbeitet für die katholische Schuljugend, dann aber auch zur religiösen Belehrung und Erbauung für Erwachsene. Mit erzbischöflicher und bischöflicher Approbation. 2 Bändchen. 12°. (11$\frac{1}{6}$ B.) Ausgabe I. auf feines Papier 11 sgr. — 33 kr. — fr. 1. 25. (Schul-) Ausgabe II. auf gewöhnliches Papier 7 sgr. — 21 kr. — 80 cts.

„In einfacher, aber recht gründlicher Weise wird hier dem Leser reiche Belehrung über die heiligen Zeiten, Feste und Festgebräuche des Kirchenjahres, sowie über die heiligen Sacramente und Sacramentalien gegeben. Das Buch wird in der Hand des Katecheten wie in der eines Laien, der Belehrung wünscht, reichen Segen stiften."

442 **Thomas von Kempen**, die Nachfolge Christi. Aus dem Lateinischen übersetzt und mit dem Lebensabrisse des gottseligen Thomas, mit practischen und erbaulichen Uebungen, sowie mit den gewöhnlichsten Gebeten und Ablassandachten aufs ganze Jahr versehen, von *Adolph Pfister*. Zweite Auflage, mit einem Stahlstich. 12°. (17$\frac{3}{4}$ B.) 10 sgr. — 36 kr. — fr. 1. 35; geb. in Leinwand mit Marmorschnitt 17 sgr. — fl. 1. — fr. 2. 25; mit Goldschnitt: 19 sgr. — fl. 1. 6 kr. — fr. 2. 50; in Kalbleder mit Goldschnitt: Thlr. 1. 10 sgr. — fl. 2. 20 kr. — fr. 5. 25.

443 ―――― dasselbe, Sedez-Ausgabe, mit einem Anhang, die gewöhnlichsten Andachtsübungen enthaltend. Mit einem Stahlstich. 16°. (12 B.) 6 sgr. — 18 kr. — 70 cts.; geb. mit Leinwandrücken 8 sgr. — 26 kr. — 95 cts.

444 **Thomas von Kempen,** die Nachfolge Christi in älterem Deutsch. 16⁰. (23 B.) 11 sgr. — 36 kr. — fr. 1. 35.

445 **Trento, H.**, S. J., Fastenpredigten. Aus dem Italienischen übersetzt. Zweite Auflage. gr. 8⁰. (25 B.) Thlr. 1. — fl. 1. 42 kr. — fr. 3. 85.

„Diese Predigten sind so anschaulich und lebendig, so aus dem Leben und für das Leben, so reich an Bildern und überraschenden Anwendungen aus der hl. Schrift, den Kirchenvätern und der Natur, so voll Licht und Wärme, dass wir uns nicht wundern, wenn P. Trento durch seine Predigten eine vollständige Herrschaft über alle Herzen, auch die verkehrtesten und hartnäckigsten, ausübte." (Philothea.)

446 **Verhandlungen** der elften Generalversammlung der katholischen Vereine Deutschlands vom 12., 13., 14. und 15. September 1859 zu Freiburg i. B. Amtlicher Bericht. 8⁰. (17³/₄ B.) 20 sgr. — fl. 1. 12 kr. — fr. 2. 70.

447 **Vosen,** Dr. C. H., das Christenthum und die Einsprüche seiner Gegner. Eine Apologetik für jeden Gebildeten. Zweite, verbesserte Auflage. Mit erzbischöflicher Approbation. gr. 8⁰. (49¹/₄ B.) Thlr. 2. — fl. 3. 30 kr. — fr. 7. 90.

„Die apologetische Vertheidigung, sowohl der natürlich geoffenbarten Wahrheiten, als auch der drei grossen Geheimnisslehren, führt Dr. Vosen in recht gründlicher, anziehender Weise durch, mit einem seltenen Gedankenreichthume und mit überraschenden, schlagenden Beweisen. Man erkennt überall den scharfen Denker, dem das vorgesteckte Ziel und die Mittel dazu klar vor Augen schweben und den gewandten Professor, der seinen Zuhörern auch den schwierigsten Gegenstand deutlich zu machen versteht. In welch' vortrefflichem Geiste das apologetische Werk von Dr. Vosen geschrieben ist, das ersieht man aus der Begeisterung für die Wahrheit, mit welcher der Herr Verfasser zum Kampfe gegen die Lüge auffordert, aus der Ruhe und Besonnenheit, mit welcher er dem Glaubensgegner auf seinen Irrwegen nachforscht, und aus der christlichen Hochschätzung selbst des Gegners, womit er demselben die Gefahren seines Irrthums liebevoll aufdeckt und ihn für die Wahrheit zu gewinnen sucht." (Theol.-pract. Quartalschrift.)

448 ——— der Katholicismus und die Einsprüche seiner Gegner, dargestellt für jeden Gebildeten. 2 Bde. gr. 8⁰. (50 B.) Thlr. 2. 21 sgr. — fl. 4. 30 kr. — fr. 10. 15.

I. Band: Thlr. 1. 6 sgr. — fl. 2. — fr. 4. 50.
II. Band: Thlr. 1. 15 sgr. — fl. 2. 30 kr. — fr. 5. 65.

„Der glücklich herausgegriffene populäre Ton ist's, den wir als ersten Vorzug der Vosen'schen Schrift hervorzuheben haben. Die dogmatischen Beweise entwickeln sich überall klar und stetig; die Beweismittel sind gründlich und fleissig gesammelt; die Exegese der einschläglichen Stellen ist tief und gemeinfasslich. Mit glücklichem Takte hat der Verfasser gerade *die* Punkte des Dogmencomplexes herausgegriffen und einer besonders eingehenden Behandlung unterworfen, die innerhalb der Streitigkeiten unseres heutigen religiösen Lebens stehen und in dieselben eingreifen. Das Ganze ist in eine Sprache gekleidet, die, überall einfach und dem Stoffe adäquat, stellenweise die Höhe einer kunstlosen und gewinnenden Beredsamkeit erreicht." (Schles. Kirchenblatt.)

449 ——— kurze Anleitung zum Erlernen der hebräischen Sprache für Gymnasien und für das Privatstudium. Zehnte Auflage. 8⁰. (7¹/₂ B.) 10 sgr. — 36 kr. — fr. 1. 35.

450 ——— rudimenta linguae hebraicae scholis publicis et domesticae disciplinae brevissime accommodata. Tertia editio emendata. 8⁰. (8¹/₂ B.) 15 sgr. — 48 kr. — fr. 1. 80.

451 **Wahrheit,** die, und die Lüge im Prozess de Buck zu Brüssel, 13. bis 16. Mai 1864. gr. 8⁰. (1¹/₄ B.) 1 sgr. — 3 kr. — 15 cts.

452 **Waldmann, J.,** Gesanglehre für Volksschulen. Nebst einer Beilage

von fünfzig ein-, zwei- und dreistimmigen Liedern. (Die einstimmigen mit Klavierbegleitung, die zweistimmigen, auch dreistimmig, mit Bass, und vierstimmig mit Bass und Tenor.) gr. 8°. (23 B.) 10 sgr. — 30 kr. — fr. 1. 15.

453 **Waldmann, J.**, eine Römerfahrt zum Centenarium am 29. Juni 1867. Zum Besten des hl. Vaters geschrieben. 8°. (6½ B.) 9 sgr. — 30 kr. — fr. 1. 15.

„Des Verfassers Beobachtungsgabe ist gut, sein Urtheil scharf, seine Darstellung gewandt und fesselnd. Er weiss seine Schilderungen mit Geist zu beleben. Manchmal glaubt man, mit unserm berühmten Alban Stolz zu wandern."
(Freib. kath. Kirchenblatt.)

454 **Wandkarte**, neueste, von Baden, Württemberg und Hohenzollern. Mit der neuen politischen Eintheilung von Baden. Maassstab: 1:200,000. 4 Blätter, unaufgezogen, colorirt Thlr. 2. 18 sgr. — fl. 4. 24 kr. — fr. 9. 90. Colorirt, auf Leinwand, mit Stäben oder in Mappe Thlr. 3. 18 sgr. — fl. 6. — fr. 13. 50.

Die „Karlsruher Zeitung" sagt: Diese Wandkarte ist in der Grösse von 4½ auf 4¾ Fuss angefertigt, enthält die neueste Kreiseintheilung Badens und die Württembergs, und sind die einzelnen Kreise nicht durch colorirte Grenzlinien bezeichnet, sondern mit verschiedenen, von einander abstechenden Farben ganz überzogen, was die Uebersicht sehr erleichtert. Die Hauptstädte der Kreise, sowie alle Amts- und Amtsgerichtsstädte sind zur Unterscheidung und leichtern Auffindung mit verschiedenen Farben unterstrichen. Ganz besondere Sorgfalt ist auf richtige Darstellung des Gebirgs verwendet. Die Karte zeichnet sich im Allgemeinen durch grosse Klarheit, Deutlichkeit und Richtigkeit aus, und ist solche nach den neuesten amtlichen Materialien bearbeitet; sie enthält alle neuen Strassen und Eisenbahnen etc.

455 ——— neueste, von Deutschland nebst angrenzenden Ländern. Zweite Auflage. Revidirt und nachgetragen von *C. Baur*. Maassstab: 1:1,066660 der natürlichen Länge. 4 Blatt colorirt. Thlr. 1. 22½ sgr. — fl. 3. — fr. 6. 75; aufgezogen mit Stäben oder in Mappe: Thlr. 2. 22½ sgr. — fl. 4. 45 kr. — fr. 10. 70.

Diese Karte umfasst 16 Quadratfuss und reicht westlich bis Paris, südlich bis Grenoble und Belgrad, östlich weit über Krakau hinaus, nördlich bis Kopenhagen, und enthält ausser Deutschland ganz Holland, Belgien, die Schweiz und einen grossen Theil von Oesterreich. Wie sehr eine grosse Karte die Orientirung und die Klarheit der Vorstellungen befördert, ist eine bekannte Thatsache. Auf einer solchen Karte ist auch eine starke Colorirung der Grenzen möglich, ohne dass die Farben zu viel Raum bedecken, und das Blatt verdunkelt wird. So macht z. B. der norddeutsche Bund, dessen Grenzen auf unserer Karte roth colorirt sind, einen sehr wuchtigen Eindruck und fordert zur Vergleichung mit der Landmasse Frankreichs und Oesterreichs heraus. Dass die Terrainzeichnung genau ist, dass Gebirgszüge und Berggruppen scharf hervortreten, Eisenbahnen, Kanäle und Hauptstrassen deutlich eingezeichnet sind, versteht sich von selbst. — Die wirklich vortreffliche und schöne Karte kann aus diesen Gründen ebensowohl zum Schulgebrauch, wie allen Geschäftsleuten und Privaten empfohlen werden.

**Wandtafeln**, zwanzig, zum Lesebuch von Dr. Bumüller und Dr. Schuster, s. *Bumüller* u. *Schuster*, Lesebuch.

456 **Welte**, Dr. J., das Buch Job, übersetzt und erklärt. gr. 8°. (26½ B.) Thlr. 1. 15 sgr. — fl. 2. 36 kr. — fr. 5. 85.

**Weltgeschichte** für die Jugend, s. *Bumüller* und *Schuster*, Lesebuch, 6. Abtheilung.

**Weltkunde** für die Jugend, s. *Bumüller* und *Schuster*, Lesebuch, 7. Abtheilung.

457 **Wessely**, J. E., ein Brief Jesu Christi (Offbg. 3, 15 ff.), in sieben Fastenpredigten. 8°. (5 B.) 7 sgr. — 24 kr. — 90 cts.

458 —— die sieben Gaben des heiligen Geistes. Sieben Fastenbetrachtungen. 8°. (6¼ B.) 7½ sgr. — 24 kr. — 90 cts.

459 **Wörl**, Dr. J. E., Atlas von Central-Europa in 60 Blättern. Mit roth eingedruckten Strassen, Eisenbahnen, Ortspositionen und Grenzen. Entworfen und bearbeitet im Maassstabe 1:500,000. Grösse: 50 auf 64 Centimètres. Thlr. 20. — fl. 36. — fr. 81.
Dieser Atlas besteht aus folgenden Blättern, die einzeln abgegeben werden. Preis eines Blattes: 10 sgr. — 36 kr. — fr. 1. 35.

**Netz zur Uebersicht:**

| | | | | Christiansand | Gothenburg | | |
|---|---|---|---|---|---|---|---|
| | | | Wiborg | Kopenhagen | Christianstadt | Danzig | Königsberg |
| | | Titel | Tönningen | Lübeck | Stettin | Marienwerder | Warschau |
| | | Amsterdam | Oldenburg-Bremen | Braunschweig | Berlin | Posen | Radom |
| | London | Brüssel | Cöln | Weimar | Dresden | Glatz | Krakau |
| Brest-Quimper | Cherbourg | Rouen | Paris | Carlsruhe-Strassburg | Stuttgart-München | Passau | Wien |
| | Nantes | Orléans | Dijon | Besançon-Basel | Constanz | Salzburg | Gratz |
| | La Rochelle | Limoges | Lyon | Genève | Mailand | Venedig | Carlstadt |
| | Bayonne | Toulouse | Montpellier | Marseille | Genua | Florenz | |
| | Pampeluna | Lerida | Perpignan | Toulon | Corsika | Rom | |

Aus diesem Kartenwerke sind als für *sich bestehende* Atlanten der betreffenden Länder erschienen:

460 *Karte von Deutschland* mit Einschluss der Niederlande, Belgiens, der Schweiz, des Lombardisch-Venetianischen Königreichs etc. in 32 Blättern. Zweite, revidirte Ausgabe. Thlr. 10. 20 sgr. — fl. 19. 12 kr. — fr. 43. 20.

461 *Karte von Frankreich* in 25 Blättern. Thlr. 8. 10 sgr. — fl. 15. — fr. 33. 75.

462 —— Atlas von Südwestdeutschland und dem Alpenlande, in 48 Karten. Mit roth eingedruckten Eisenbahnen, Strassen, Ortspositionen und Grenzen. Entworfen und bearbeitet im Maassstabe 1:200,000. Grösse: 50 auf 64 Centimètres. Thlr. 16. — fl. 28. 48 kr. — fr. 64. 80.

Dieser Atlas umfasst folgende Blätter, die einzeln zum Preise von 10 sgr. — 36 kr. — fr. 1. 35 abgegeben werden:

| Coblenz | Frankfurt | Schweinfurt | Baireuth | Eger | |
|---|---|---|---|---|---|
| Mainz | Darmstadt | Würzburg | Nürnberg | Amberg | Klattau |
| Zweibrücken | Carlsruhe | Ellwangen | Ingolstadt | Regensburg | Passau |
| Strassburg | Tübingen | Ulm | Augsburg | München | Salzburg |
| Freiburg i. B. | Schaffhausen | Constanz-Lindau | Füessen | Innsbruck | Hallein |
| Besançon | Bern | Zürich | Wallenstadt | Meran | Brixen | Lienz |
| Lausanne | Freiburg i. U. | Locarno | Chiavenna | Trient | Belluno | Titel |
| Genève | Aosta | Biella | Mailand | Verona | Padua | Maassstäbe d. Länder |

Aus diesem Kartenwerke sind als für sich bestehende Atlanten erschienen:

463 *Karte von Bayern* in 24 Blättern: Titel nebst statistischer Tabelle, Frankfurt, Schweinfurt, Baireuth, Eger, Mainz, Darmstadt, Würzburg, Nürnberg, Amberg, Klattau. Zweibrücken, Carlsruhe, Ellwangen, Ingolstadt, Regensburg, Passau, Ulm, Augsburg, München, Salzburg, Constanz-Lindau, Füessen, Innsbruck, Hallein. Thlr. 8. — fl. 14. 24 kr. — fr. 32. 40.

464 *Karte von Württemberg, Baden und Hohenzollern* in 12 Blättern: Titel nebst statistischer Tabelle, Darmstadt, Würzburg, Zweibrücken, Carlsruhe, Ellwangen, Strassburg, Tübingen, Ulm, Freiburg, Schaffhausen, Constanz-Lindau. Thlr. 4. — fl. 7. 12 kr. — fr. 16. 20.

465 *Karte der Schweiz* in 20 Blättern: Titel nebst statistischer Tabelle, Freiburg, Schaffhausen, Constanz-Lindau, Füessen, Besançon, Bern, Zürich, Wallenstadt, Meran, Lausanne, Freiburg i. d. Schweiz, Locarno, Chiavenna, Trient, Genève, Aosta, Biella, Milano, Verona. Thlr. 6. 20 sgr. — fl. 12. — fr. 27.

466 *Karte von Tyrol* mit den Grenzlanden in 12 Blättern: Constanz-Lindau, Füessen, Innsbruck, Hallein, Wallenstadt, Meran, Brixen, Lienz, Trient, Belluno, Verona, Padua. Thlr. 4. — fl. 7. 12 kr. — fr. 16. 20.

467 **Wörl**, Dr. **J. E.**, die badischen Bäder: Baden, Lichtenthal, Hub, Erlenbad, Antogast, Griesbach, Freiersbach, Petersthal, Rippoldsau und württembergisches Wildbad. Specialkarte der Gegend zwischen Strassburg, Carlsruhe, Pforzheim, Freudenstadt, Offenburg etc. Maassstab 1:135,000. Grösse: 50 auf 58 Centimètres. 15 sgr. — 48 kr. — fr. 1. 80; auf Leinwand gezogen 24 sgr. — fl. 1. 18 kr. — fr. 2. 95.

468 —— Karte der Landschaft von Freiburg im Breisgau, 6 Stunden im Umkreis. Maassstab 1:100,000. Grösse: 50 auf 58 Centimètres. 15 sgr. — 48 kr. — fr. 1. 80; auf Leinwand gezogen 24 sgr. — fl. 1. 18 kr. — fr. 2. 95.

469 —— die Südthäler des Schwarzwaldes, oder Karte der Landschaft zwischen Müllheim, Badenweiler, Todtnau, St. Blasien, Waldshut. Maassstab 1:100,000. Grösse: 50 auf 58 Centimètres. 15 sgr. — 48 kr. — fr. 1. 80; auf Leinwand gezogen 24 sgr. — fl. 1. 18 kr. — fr. 2. 95.

1 colorirtes Blatt. Grösse: 47 auf 57 Centimètres. 22½ sgr. — fl. 1. 21 kr. — fr. 3. 5; auf Leinwand aufgezogen Thlr. 1. — fl. 1. 48 kr. — fr. 4. 5.

471 **Wörl**, Dr. J. E., Geographie u. Statistik des Grossherzogthums Baden. Mit neuer Karte. Fünfte, durchgehends berichtigte und ergänzte Auflage von Dr. *J. Bader.* 12⁰. (4 B.) Geb. in Pappe: 7 sgr. — 24 kr. — 90 cts.

—— Leitfaden bei dem Unterrichte in der Geographie. 3 Abtheilungen. 12⁰.

472 I. Abtheilung. Allgemeine Erdkunde. Zweite Auflage. (6¼ B.) 5 sgr. — 16 kr. — 60 cts.; geb. 6 sgr. — 19 kr. — 70 cts.

473 II. Abtheilung. Mittel-Europa: Deutschland mit den nichtdeutschen Ländern von Oesterreich und Preussen nebst der Schweiz. Mit einem Anhang: *Statistische Notizen* aus dem Gebiete der Grundmacht, Cultur, Verfassung und Verwaltung der deutschen Bundesländer und der Schweiz. (20⅓ B.) 18 sgr. — 54 kr. — fr. 2; geb. 20 sgr. — fl. 1. — fr. 2. 25; ohne den Anhang 12 sgr. — 36 kr. — fr. 1. 35.

474 **Worte** der Verständigung und Versöhnung an die Protestanten Deutschlands. Von einem deutschen Katholiken. 8⁰. (4 B.) 6 sgr. — 18 kr. — 70 cts.

**Wörter**, Dr. F., die christliche Lehre über das Verhältniss von Gnade und Freiheit, von den apostolischen Zeiten bis auf Augustinus. 8⁰.

475 I. Hälfte. Die Lehre des neuen Testaments und der griechischen Väter. (24¼ B.) Thlr. 1. 12 sgr. — fl. 2. 24 kr. — fr. 5. 40.

476 II. Hälfte. Erste Abtheilung: Die Lehre der lateinischen Väter vor Augustinus. (21¾ B.) Thlr. 1. 5 sgr. — fl. 2. — fr. 4. 50.

477 **Wurm**, Dr. Chr. Fr. L., die deutsche Sprache an der gelehrten Schule, mit besonderer Rücksicht auf die revidirte Studienordnung in Bayern. 8⁰. (7¼ B.) 14 sgr. — 45 kr. — fr. 1. 70.

478 **Zeiler**, S., Maria, unser Vorbild und unsere Mutter. Vollständiges Unterrichts-, Betrachtungs- und Gebetbuch für Verehrer der allerseligsten Jungfrau, besonders zur gemeinsamen kirchlichen und häuslichen Andacht in Gebeten, Hymnen, Betrachtungen der katholischen Kirche und ihrer Heiligen. Zweite, verbesserte Auflage. Mit Genehmigung des bischöflichen Ordinariats in Rottenburg. 8⁰. (45 B.) 24 sgr. — fl. 1. 18 kr. — fr. 2. 95; geb. in Halb-Leinwand: Thlr. 1. — fl. 1. 36 kr. — fr. 3. 60; geb. in ganz Leinwand: Thlr. 1. 3 sgr. — fl. 1. 48 kr. — fr. 4. 5.

479 **Zell**, Dr. K., Bilder aus der Gegenwart. Des Marschalls von Saint-Arnaud Leben und Charakter nach seinen Briefen, und die religiöse Bewegung in dem Geiste des französischen Heeres. 8⁰. (27 B.) Thlr. 1. — fl. 1. 45 kr. — fr. 3. 95.

480 —— Lioba und die frommen angelsächsischen Frauen. 12⁰. (17⅓ B.) 18 sgr. — fl. 1. — fr. 2. 25.

Bildet das II. Bändchen der „*Sammlung historischer Bildnisse*".

481 **Zell**, Dr. K., Gebhard von Zähringen, Bischof von Constanz. (Aus dem Freiburger Diöcesan-Archiv I. Band.) gr. 8°. (6¼ B.) 15 sgr. — 48 kr. — fr. 1. 80.

482 —— die moderne deutsche Volksschule und die neueste badische Schulgesetzgebung. 8°. (8¼ B.) 9 sgr. — 30 kr. — fr. 1. 15.

„Diese Broschüre ist wie ein wahres Arsenal von gesunden Ideen, wichtigen Wahrheiten, lebenskräftigen Vorschlägen und durchschlagender Kritik. Wenn Einer, so ist Herr Hofrath Zell berufen, in dem nun überall entbrannten Schulkrieg das Banner der Wahrheit hoch zu halten und für Tausende Führer und Leiter zu sein."
(Augsb. Postzeitung.)

483 **Zingerle**, Dr. P., Communionbuch für fromme Katholiken auf alle Sonntage des Jahres. Nebst Anhang, verschiedene Andachtsübungen enthaltend. Mit erzbischöflicher Approbation. 12°. (15⅔ B.) 14 sgr. — 45 kr. — fr. 1. 70; geb. in Leinwand: 20 sgr. — fl. 1. 3 kr. — fr. 2. 40.